3男1女東大理Ⅲ合格！

教えて！佐藤ママ

18歳までに親がやるべきこと

佐藤亮子

Ryoko Sato

祥伝社

はじめに

こんにちは。佐藤亮子《さとうりょうこ》と申します。
私には4人の子どもがいます。現在、上の2人は研修医をし、下の2人は大学に通っています。私はもともと専業主婦でしたが、子ども4人が東京大学理科三類に合格したことから、教育関係の本を出版させていただき、講演を行なう機会をいただくようになりました。

今の日本の子どもたちは、大変な状況に巻き込まれています。2020年度の大学入試改革、小学校での英語の必須化という教育制度の変わり目にいること、同時に、スマホやネットゲーム依存も、その深刻度をますます深めています。このように大きく変革していく世界でどのように生きていけばいいのか、大人も戸惑っている時代です。未来を生きる子どもたちをどのように育てればいいのか、方針を決めるには難しいことが多すぎます。しかし、親の役目が、子どもを社会人として一人前にすることであるのは、昔も今も同じです。まず親がするべきことは、子どもが希望の進路に進めるように実力をつけさせることなのです。子どもが高校を卒業するまでの18年間に、子どもが自活する力をつけるため、親は何も知らない子どもに1から教えないといけません。子育てをしていると、人間の長い人生にとって、0歳から18歳までが一番大事な時間ということに気がつきます。だから、親は皆、その間の子育てをより立派に成し遂げたいと悩むのでしょう。

本来、子どもというものは人間の原型のような存在です。子どもを見ていると人間とはどのようなものなのか、だからどのように生きていかなければならないのかと、子育てをしながら自問自答することが度々ありました。

同時に、子どもはもともと、なまけもの、嘘をつく、勉強は嫌いなんだと気がつくと、子どもだから勉強をするのは当たり前だと思うのは間違いなのだ、と認識を新たにしました。そして、小さい頃に勉強の習慣をつけることで、親子共々で楽になりました。

これまで講演会やブログで、たくさんのお悩みやご質問をいただいてきました。１回の講演で３００も４００もいただくこともありますが、なかなか全部にお答えするのは難しく、短い言葉でしかお答えできないこともありました。そこで一つ一つのお悩みに丁寧にお答えすることで、みなさまのお役に立ちたいと思い、今回、本にしていただくことになりました。

本書では応募いただいたお悩みの中から１００を厳選し、お子さんの年齢に合わせて3つの章に分け、それぞれのお悩みに私が回答させていただきました。

第1章は0歳から6歳まで。最も質問が多い年齢でした。わが子をどう育てていけばいいのか、悩みの内容も多岐にわたりました。

第2章は7歳から12歳まで。勉強や中学受験に関する質問が多くありました。

第3章は13歳から18歳まで。受験を終えたばかりの子どもたちのフォローや、大学受験のアドバイス、また私自身に寄せられた質問にお答えしました。

そして第4章で花まる学習会の高濱正伸《たかはままさのぶ》先生と、変化する学校教育についてや母親の心構え、父親の関わり方について語り合いました。

子どもの年齢で章を分けていますが、どの答えも普遍性のあるもので、年齢問わず、皆様の子育てにお役に立てる内容になっていると思います。

私の26年間の子育てで、得た考え方、発想の転換の仕方などを元に、皆様方からいただいたたくさんのご質問にお答えすることで、子育てにはいろいろな悩みがあり、悩んでいるのは自分だけじゃないと、気持ちが少しでも楽になっていただければと思います。

そして、自分の子どもにはどんな方法が適しているのか、自分は親として子どもにどんなサポートをしていけばいいのかを、改めて考えるきっかけにしていただければ幸いです。

教えて！佐藤ママ
18歳までに
親がやるべきこと

もくじ

第1章

0歳 ‐‐‐‐‐‐‐‐> 6歳

6歳までに基礎学力を身につける

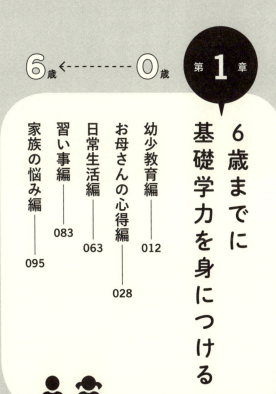

7歳 → 12歳

第2章 12歳までに勉強の習慣を身につける

13歳 → 18歳

第3章 18歳までに親にできること

ブックデザイン　藤塚尚子（ｅｔｏｋｕｍｉ）
ＤＴＰ　キャップス
編集協力　肥田倫子
写真　スタジオ☆ディーバ（カバー）、
津田 聡（対談）

本書は、２０１８年5月から8月まで祥伝社ホームページで募った佐藤ママへのご質問の答えをまとめたものです。

たくさんのご質問をお寄せいただき、ありがとうございました。

第1章

6歳までに基礎学力を身につける

01

A <<< Q

公文は、子どもが興味を持ったときに行かせたらいい？

興味がわくのを待つのでは遅い。小学校入学を見据えて基礎学力をつけさせること。

Q

2歳の娘がいます。まだ数字やひらがなに興味はなく、ブロックやおままごとが大好きです。佐藤ママの子どもさんたちのように、公文《くもん》式に行かせたいのですが、娘がどのレベルまで達したら、もしくは興味がわいたら行かせたらいいでしょうか？（大阪府・20代）

A

2歳の子が、数字、ひらがなに興味を持たないのは当たり前。子どもの興味とは関係なしに、**6歳で小学校に入学したときに困らないよう、お母さんが最低限の基礎学力の準備をすることが大切**です。

公文も最初はぐるぐる書きから始めて、ぐるぐる書きのひと筆が「し」とか、「く」になっていくというやり方なので、いきなりひらがなを教えるというわけではありません。子どもが遊び感覚でできるときにぐるぐる書きを始めて、いつの間にか、鉛筆を持ってひらがなを「書いちゃった」みたいな感じにもっていくとスムーズにプリントに移行できます。

2歳とか3歳の小さいときには、好きな遊びを思う存分させて、子どもがその遊びに疲れたら「ちょっとプリント1枚しようか」みたいに、遊びの合間に勉強を入れるのがコツです。

例えばプリントを一日に5枚やるのであれば、おままごとのあとに1枚させて、それが終わったら「じゃブロックやろうか」と好きな遊びをさせる。しばらく遊んで満足したら、「ちょっとプリントやろうか」と2枚くらいさせる。残りの2枚はご飯を食べたあとにちょろちょろっとやる、というように一度に全部ではなく、小分けにするとハードルが低くなり、子どももやりやすいと思います。

プリントを一度にまとめてすませようとしがちなのですが、公文のプリントは裏表あるので結構大変なのです。

ちなみに私は、マーブルチョコをよく使いました。子どもたちが遊びにちょっと飽きたかなと思ったら、「ねえ、ねえ、プリント1枚すんだら、マーブルチョコを1個あげるから、ちょっとやらない?」と声をかけ、プリントを3枚ずつ渡して、目の前に色の違うマーブルチョコを3つ並べておくんです。1枚やっては1つ、また1枚やっては1つというようにすると、子どもはゲーム感覚で楽しくプリントをやっていました。マーブルチョコって色がきれいなのと、一粒が小さくて何個か食べるのにちょうどいいんです。

基本的に子どもは、勉強より遊びのほうが好きです。だからお母さんは「毎日やるって言ったじゃないの!」などと子どもを追い立てるのではなく、子どもがやりたくなるような工夫をして、「いつの間にか、お母さんにやらされちゃった」みたいに、子どもの生活のすきまに上手にプリントを組みこんであげてください。

うちの子どもたちも「気がついたら、鉛筆を持ってプリントやってた～」って言ってました(笑)。

02

Q
3歳の息子が文字や数字に興味を持たず、絵本を読んでも興味の広がりが感じられません。

A
3歳であれば、興味を持たないのは当然。絵本は、読み聞かせと文字を教えることを、分けて考えてください。

Q

3歳の息子がいる一児の母です。現在息子が通う幼稚園では、非認知能力を伸ばすことを掲げており、学習的なプログラムは、年長になってもまったくありません。私は、学習は家庭ですればいいと思っていたので、思いきり遊ばせていただける現在の幼稚園に入園したのですが、先生方からは家庭での学習について焦らないようにと指導があります。未就学児を卓上の勉強に向かわせることが、むしろ将来的にマイナス要因になるとのお話もあります。我が子は、文字や数字にほぼ興味を示さないので、このままの状態ですと、恐らく小学校入学までに、読み書きの基礎、計算の基礎を作るのは難しいように感じます。

佐藤さんの著書には、お子さんたちを1歳から、公文に通わせていたとありました。そこで、伺いたいのですが、未就学児の時期に、学習習慣をつけないことが、将来的な学習習慣、並びに習熟度にマイナスの影響を与えると思われますか？　絵本の読み聞かせは小さい頃からしているのですが、読んでもらうことは好きでも、自分で読む、字を覚えようとするなどの興味の広がりは感じられません。3歳以上の子どもにとっては、学習系の習い事や、家庭での学習はどの程度必要だとお考えか聞かせてください。（神奈川県・30代）

A

考え方はそれぞれなので、幼稚園の方針は気にしないことです。でも、幼稚園はあなたの子どもの将来の責任まではとってはくれません。子どものことは、親が責任を持ってやらなければならないのです。だから「未就学児を卓上の勉強に向かわせることが将来的にマイナス要因になる」と言われても、そう思わなければ、聞き流していいと思います。

でも、幼稚園の先生や学校の先生とは仲良くしてください。なんといってもお世話になっているのですから。幼稚園の先生の考え方も認めて円満に対応しつつ、「でもひらがなはやったほうがいい」と思うなら、家でしっかりやればいいことです。また、文字や数字にほぼ興味を示さないというのは、3歳であれば当然のこと。子どもが興味を持つのを待たず、6歳までに身につけるべきことをお母さんがさせましょう。

「絵本を読み聞かせしても、文字への興味が広がらない」ということですが、**絵本の読み聞かせと文字を教えることは分けて考えて、読み聞かせしたほうが楽しいですよ。**

小学校で、授業中に椅子にじっと座れず立ち歩く子が多いと聞きますから、6歳までには、椅子に座って鉛筆を持つことに慣れておくということも大切ですね。

3歳ぐらいであれば鉛筆を持って椅子に座るのは、10分くらいでいいでしょう。4歳でも10分、5歳で15分ぐらいに増やして、6歳になったら30分くらい座れたらいいですね。プリントをするのもいいですが、折り紙なども楽しいですよ。

03

A <<< Q

文字の書き方や書き順を直すときに気をつけることは？

書き直させるときは、何度もさせるのではなく、ゆっくり丁寧に一回で。

Q

佐藤ママの著書の中で、文字の書き方や書き順、数字に至っても綺麗《きれい》に正しく書かせるとありますが、我が家の4歳の娘は私が指摘するとへそを曲げたり、反抗をしたりと、なかなか注意するのも書き直しをさせるのも大変です。なにか注意の仕方や書き直しをさせる際に、気をつけていることや工夫されていたことはありますでしょうか。（大阪府・30代）

A

お母さんが指摘すると不機嫌になるというのは、指摘の仕方がよくないのかもしれません。間違えた文字を何度も書き直させていませんか？　4歳ですので、**まず書いた子どもの文字をほめて、その字の上に違う色で書き直させてもいいかも。**頭から否定はしないことですね。本人は上手に書いていると思っているのですから。

例えば「ここはこう曲がって、こっちはしっかり止めて、これははねる」というように、ゆっくり優しく説明する感じでしょうか。

公文のプリントなどのやり直しのときは、**間違えたところはお母さんが消しゴムできれいに消してあげてください。**子どもは、〈やり直し〉というのが死ぬほど嫌いなんです。だから、やり直しのときはちょっと手伝ってあげる必要があります。これを〈甘やかし〉という人がいますが、それはまったく違います。子どもが自ら消して間違いを直すというのは、いわば無駄なことだと私は捉《とら》えています。子どもは正しい答えを出すのが仕事なのです。いずれ子ども自身で消しながらやり直しできる日は必ずきます。まだ小さな子どものときは、親が消してあげてください。そのほうが、ひらがなも計算も上達が早いですよ。

文字や数字を覚えるのを、〈苦行〉にしないでくださいね。

04

A <<< Q

子どもがひらがなや数字に興味を持つようにどう働きかけをすればいいでしょうか。

興味を持つのを待たずに、とりあえずやらせる。実生活の中でひらがなや数字を意識させる。

Q

小学校入学前までにひらがなや数字、時計の読み方などを身につけさせたいのですが、子どもが興味を持つような働きかけはどのようにしたらいいのでしょうか？（島根県・30代）

A

興味を持たせて始めようとするのは、無理があります。子どもは必要のないもの、よくわからないものには興味はなかなか持ちませんから。周りの環境をひらがな、数字、時計など知らず知らずのうちに目に入るようにするのがいいですね。

まず、絵本でしょうね。いろいろな絵本をたくさん読んであげると、絵の横のひらがなや数字に目がいきます。そのときに、読み方を教えてあげたらいいと思いますよ。いくつかひらがなを覚えたら、そのひらがなを新聞やお店の看板などで見つけたりすると、子どもは喜びます。

時計に関しては、**アナログの大きな時計を壁にかけて、「今、短い針が7で、長い針が12を指しているから、7時だね」というように日常生活で意識させると自然に覚えます。**子どもは〈教え込まれる〉〈覚えさせられる〉ということを嫌います。覚えなければいけないことは、実は実際の生活にすべて関係していますし、覚えたら意外と便利と気づかせると、自ら楽しく覚えようとします。その上できちんと身につけさせるためには、プリントなどできちんと練習させることが後々必要になってきます。公文などの早期教育は教材がよくできているので、そうした教材を使うのもいいと思います。

時計の読み方は、『プータンいまなんじ?』という絵本も使っていました。本に小さな時計のおもちゃが付いていて、手でくるくる回せるので、我が家では人気でした。

05

A ‹‹‹ Q

小学校入学まで、英語学習にどのように取り組めばいいでしょうか。

中学受験をするのであれば、英語は中一までやらなくていいです。

Q

中学受験を視野に入れております。息子は現在4歳です。2年前から英会話教室に通っていますが、会話力は挨拶程度。英単語を覚えさせてもすぐ忘れるし、小学校入学までいったんやめようかとも思っています。公文で国・算はしております。英語学習にどのように取り組めばいいでしょうか。（福岡県・30代）

A

4歳では、まだ日本語を覚え始めたばかりなので、英会話を習わせても挨拶程度しかできないのも、英単語を忘れてしまうのも、当たり前ですよね。

ネイティブみたいに発音ができるようにと、小さい頃から英語を習わせようと思うのかもしれませんが、日本に住んでいるのですから、インターナショナルスクールにでも行かない限りはなかなか難しいですね。むしろ、英語を最優先にすると、漢字が苦手になったりします。

私の友人で、日本人と結婚しご主人の仕事の関係で、ドイツに6年間、アメリカで6年間暮らして、日本に帰ってきた方がいますが、ドイツで生まれた彼女の子どもは、ドイツ語も英語も日本語も中途半端になってしまったという話でした。未就学の0歳から6歳までドイツ語、小学校の7歳から12歳までが英語、中学生の13歳からが日本語というのは、なかなか母国語を形成するのに厳しい状況だったのではないでしょうか？　本人も苦労したらしいです。

やはり、**人間の芯になる母国語をいかにしっかりと身につけるかが、その後の外国語の習得にも影響します。**

中学受験に関していえば、日本語ができないと話にならないので、まず、公文で国・算をやり、**英語は中1から**にしたらどうでしょうか？

06

A ‹‹‹ Q

親世代が未経験の科目をどう導いていけばいいかわかりません。

まずは内容を調べ、プロに任せる。

Q

3歳と0歳の二児の母です。２０２０年よりプログラミングの授業が必修となるようですが、佐藤さんはプログラミングの勉強の重要性についてどういう考えをお持ちでしょうか？　もし、佐藤さんが子育ての最中にプログラミングのような新しい科目が登場していた場合は、どのような対応をされただろうかと気になります。受験科目として導入された場合、親世代が未経験の科目をどう導いていけばいいかわかりません。（宮崎県・30代）

A

親が知らない分野のことは、これからもいろいろ出てきそうですよね。今の世の中の進み方はものすごく速いですから。もし私の子どもが学校に行っていてプログラミングの授業が必修になったとしたら、私は教えられないので、まずどの程度のことを勉強するのか内容を調べますね。

そして、必要であれば、プログラミングの教室に1年ほど通わせてみると思います。**わからない私が教えるよりも、プロにお任せしたほうがいいので。**

しかし、3歳と0歳のお子さんがプログラミングを習う何年か先と今とでは、パソコンの性能も変わり、プログラミングのやり方も変わってくるでしょうから、お子さんが授業を受けるようになったタイミングで考えればいいのではないでしょうか。私は、基本的にプログラミングの授業は不要だと思っています。プログラミングというのは、そもそも何をプログラミングするのかが大事で、パソコンの操作を子どものときに学ぶ必要はまったくないのです。そうなると、プログラミングする人間の中身を育てることが先決なので、小学校ではやはり〈基礎学力〉の徹底に時間を使うべきだと思います。

07

A <<< Q

子どもの得意な分野と苦手な分野が分かれています。

小さなときは苦手なものはとりあえずおいておき、好きなことに没頭させましょう。

Q

4歳と2歳の子どもがいます。子どもたちの得意分野に対する集中力や吸収力は目を見張るものがありますが、「これは苦手だな」というものもまた、はっきりとわかります。どうしても苦手な分野は時間がかかり、結果的に長々となっています。楽しめない分野はおいておくか、今のままコツコツ積み上げるほうがいいか、どちらが子どもにとってよりいいかと考えています。（大阪府・20代）

A

苦手だったり楽しめない分野は、無理にさせないほうがいいと思います。大人だって、苦手で楽しくないことはなるべくやりたくないでしょ？

例えば絵本の読み聞かせをするときも、大人は昔話を聞いてほしいと思うのに、子どもは全然興味を持たないということはよくあることです。お母さん方は、いろいろな本に興味を持ってほしいと思うかもしれませんが、ウルトラマンの本が好きなお子さんだったら、ウルトラマンの本をたくさん買ってきて、もう飽きちゃった〜というほど読んであげてください。そうすると、その本はいい思い出になりますよ。

子どもが何かに興味を持ったら、それをとことんさせてあげましょう。昆虫図鑑が好きで、他の図鑑は見ないという子には、昆虫図鑑を何冊も買ってきてあげて、頭の中を昆虫だらけにしたらいいのです。「そんなことばっかりやって」とか「昔話も大事でしょ」といった教訓を言ってはいけません。

また、子どもの苦手分野を克服したがるお母さんもよくいますが、小さなときは苦手なものは強制しないでくださいね。**好きなことに没頭するという経験が、集中力を育《はぐく》むんです。**

08

A <<< Q

幼稚園生活はどう送ればいい？

靴下をはかせてあげたり、なんでもやってあげて下さい。

Q

3歳と1歳の娘がいます。来年上の子は幼稚園に通う予定なのですが、来年からの幼稚園生活をどう充実させて過ごすかを考えています。佐藤さんのお子さんは小学校入学前までどう過ごされていましたか？　具体的に教えていただけると幸いです！（埼玉県・30代）

A

幼稚園生活を〈充実〉させようなんて考えないほうがいいですよ。今まで、家でゆっくりしていた小さな子どもが、初めて団体生活をするわけですから、〈楽しさ〉が優先です。お母さんもあまり気負わないようにね。

お稽古事と家での遊びの生活の中に、幼稚園生活が入ってきた、くらいにとらえたらいいと思います。

でも、毎朝起きて幼稚園に行くわけですから、夜は早くお風呂に入って、早く寝かせるということには気をつけましょう。

幼稚園に行くからといって、靴下は自分ではきなさいとか、自分のことは自分でしなければダメなんだよ、というようなことは言わなくていいです。「幼稚園に入ってから困るよ」とか言うと、子どもはすごく不安になってしまいます。**幼稚園や小学校は「楽しいところ」と思ってほしいので、「そんなことできないと困るじゃない、自分でやりなさい」とは言わないことです。**

靴下なんて、どうせ自分ではくようになるでしょ? そんなことを小さな子に強制することはないですよ。その他のこともなんでもやってあげてください。それで子どもは安心して過ごせるのです。

09

A ‹‹‹ Q

Q　公文をやめたいと思ってもやめられません。特に長男は集中力に欠け、泣きながらやることもあります。

A　ときにはお母さんが手伝い、クレヨンなどを使って楽しくできる工夫を。

Q

4歳と3歳の男の子の母で、3人目の男の子を出産予定です。義理の母が公文の先生をしていることもあり、その教室に長男も次男も生後2カ月より通っております。主人からも公文は続けてほしいと言われており、やめたいと思っていても、なかなかやめられないのが現状です。特に長男は集中力に欠け、泣きながらやることもあり、算数と国語、5枚ずつやるのに、2時間以上もかかることがあります。毎朝、お互いに苦痛の時間になっています。次男には、長男のときの経験もあり、なるべく怒らないようにやっていたので、まだ楽しそうにやっています。これから生まれてくる三男もまた、同じように教室に通うことになると思いますが、自信もなく、不安で仕方ありません。特に今後長男には、どのように進めさせていけばいいでしょうか。（埼玉県・30代）

A

泣きながらやるというのは、枚数が多いのかも。毎朝、時間と枚数も決めて取りかかっているようですが、そんなに効率よくはいかないものです。子どもにとってもお母さんにとっても、お互いに苦痛の時間になってはいけません。だから、時間も量も決めないで緩《ゆる》やかにやることです。お義母さんが公文の先生ということでしたら、そこのところを相談するのがいいですよ。

プリントを5枚もらったからといって、必ずしも5枚やらなければいけないというわけではありません。お母さんが子どもの様子を見て枚数をコントロールしていけばいいんです。公文は、それぞれ子どもの性質を見極めながら進めないと、うまくいきません。お母さんが主導権を持ってさせることです。

うちの長男は1歳半で公文に入りましたが、ずっと遊んでいたのにいきなり鉛筆を持たせて、プリントをさせるのもちょっとかわいそうだなと思ったので、「ママがやっておくね〜」と言って、私がやっていました。子どもはそばで遊んでいました。「これ楽しいよ」なんて言いながら私が10枚全部やっていました(笑)。それを半年続けたら、やっと長男が「面白そうだね」と興味を持ってきたのです。そして「僕もちょっと1枚やらせて」と言ったので、長男に1枚やらせて、私が9枚やるようにしました。

毎日1枚していましたが、「もう1枚ちょうだい」と言ったのでもう1枚増やして2枚にし、またしばらくして慣れてきたら3枚にし、というように徐々にやる枚数が増えていきました。

もらったプリントはちゃんとやらなくちゃ！　と思うかもしれませんが、それが無理そうだったらすぐにやり方を変更することです。でも基礎学力はつけてあげないと、子どもが小学校で苦労しますから、子どもの笑顔が消えない程度の枚数と時間をよく考えて、上手に学ばせるのがお母さんの役目といえるでしょう。だから2枚やるのを嫌がったら、1枚にしたらいいし、1枚やるのを嫌がったら、表だけにしたらいいと思います。

時々、私は、鉛筆だけでなく、マジック、クレヨン、クーピーとかを使ってさせていました。「今日はクレヨンでちょっとやってみて」と言うと、子どもは楽しいからやりますね。**量や時間を調整したり、筆記用具を替えたり、子どもが楽しくできるように工夫することも大切です。**

義理のお母さんとの関係もあって大変だと思いますけど、「お祖母ちゃんが言ってるから全部やらなくちゃダメじゃないの」とか「お父さんもやったんだし」っていうことは絶対に言わないことです。

子どもは、「自分のことを第一に考えてくれていない」と思いますし、お母さんのことを心から信用しなくなります。だから、どんなときでもお母さんは子どもの味方でいてあげてくださいね。

10

A <<< Q

子どもが泣いていても遊んであげられない日があり、これでいいのか悩んでいます。

家事はほったらかしてでも、子どもとの信頼関係を作ることのほうが大事。

Q

1歳8カ月の息子がおり、二人目を妊娠中です。子どもたちには佐藤ママのお子さんのように、お勉強をして、結果を出せる子にしてあげたいと思っています。とはいえまだ鉛筆も持てませんので、クレヨンでお絵かきしたり、絵本を読んだり外遊びをしたりしています。遊び相手をしてあげられるときはまだいいですが、家事などが忙しいときは、とりあえず泣かないようにご機嫌を取るのが精一杯、泣いていても相手ができないという日も多く心苦しいです。大切なこの時期に、こんなことでいいのかなと、悩んでいます。佐藤ママはお子さんが0～1歳の頃どんな育児をしていましたか？（山口県・30代）

家事を最優先にしすぎていませんか？　家事は必要最低限にして、子どもが寝ているときだけされたらどうですか？　子どもが起きているときには遊んであげてほしいと思います。

我が家のことですが、長男が1歳になったばかりの頃のことです。私が台所で調理をしているときに、長男が「ママ、抱っこして」と言ってきたんです。私としては「ちゃんと食べさせなくちゃ」という気持ちがあったので、「今、ご飯作ってるからちょっと待ってね」って言ったら、私の足元で長男がウワーンって泣きだしたんです。泣いてるけど調理の途中だし、抱っこして火を扱うのも危ないと思って、「もうちょっと待ってね」と言って放っておいて料理をしたのです。

そして一段落したときに足元の長男を見たら、なんと泣き疲れて丸くなって台所の床に寝ていたのです。その姿が、なんともかわいそうで……私は本当に反省しました。

火を止めて抱っこしてあげればよかった。料理なんてどうでもよかったのに、抱っこしてと言ってるのだから、抱っこしてあげたらよかったなと。一度だけでしたが、そのことはいまだに後悔しています。

どんなことがあっても子どもを泣かしてはいけないと思い、それ以来、子どもたちを待たせることはしないと決めました。子どものことをすべてに優先させ、「あとで」と二度と言わないと覚悟を決めたのです。

ご質問にある「泣いていても相手ができない」というのは、ぜひ改めてほしいと思います。**0〜1歳なんて二度とないと考えると、家事を優先するなんてもったいない**ことですよ。

私は長男の台所の出来事以来、お素麺《そうめん》を茹でていようが、すぐ火を消して子どもと遊ぶことにしました。鍋の中でお素麺はドロドロになっていましたが、子どものほうが大切ですから。家の中は片付かないし、洗濯物もすぐには干せないような毎日でしたが、子どもと過ごす時間は楽しかったです。

「大切な時期に、こんなことでいいのかな」と思っているのですから、ぜひとも、**お子さんを常に生活の優先順位1位にしてください。それが後々、大きくなったときお母さんとの信頼関係になるのです。**どんなときでもお母さんは、自分のために飛んできてくれる！　という揺るぎない信頼感ですね。

11

A <<< Q

母親が問題を音読していたせいか、自分で読んでくれません。

「もういいよ」と言われるまで、お母さんが読んであげてください。

Q

いま4歳の息子が公文で国語を習っています。読むのを嫌がるので、はじめは母親が全部読んで本人が答えていました。そのうち自分で読むようになるかなと思っていたのですが、なっておりません。自力で読んでこなかったので、また教材を戻って読んでいます。佐藤ママも、以前問題を音読してあげていたと伺いましたが、息子さんたちは、そのあと自力で読めるようになっていったのでしょうか？（東京都・30代）

お子さんが４歳だったら、「自分で読むようになるかな」と思うのは早すぎです。私は公文も塾のテキストもさんざん読みました。もちろんお母さんも忙しいから、全部を読んであげることはできませんが、全部読んであげるぞっていう意気込みで読んであげてほしいと思います。子どもは「自分で読みなさい」と言われると読みませんが、お母さんが途中まで読んであげて、「ちょっと洗濯があるから自分で読んでね」とか言うと、子どもは続きを楽しそうに読むのです。

国語のテキストは、登場人物によって声色を変えて、絵本のように楽しく読んであげました。特に三男には小学6年生まで延々と読んであげていたのですが、あるとき読んでいたテキストの問題文で、複数の人物が登場する会話形式の話がありました。私は楽しく読んであげていたのですが、あまりにも登場人物が多すぎて、どの人物にどういう声色を使っていたのかわからなくなり「あれ？あれ？」と言っていたら、三男が「ママが楽しそうに読んでるから言えなかったけどね、問題を読んでくれるのはもういいよ」と言われたのです。「ママが読んで、問題を解くと時間がかかるんだよ。僕が自分で読んで、問題を解くほうが宿題が早くすむから」ということで、私の音読は終わりました（笑）。

またあるときは、塾の問題文で、時空に迷い込むタイムトラベルの話を読んであげたときのこと。あまりに不思議な話で、子どもたちは自分の勉強をやめて聞き入ったことがありました。みんな真剣に聞いていたのですが、これがまたいいところで問題文が終わっているのですよ。みんなで「ええっ、もう終わり？」みたいな感じになり、そのあとの物語がどうなっているのか知りたくて知りたくて、私が次の日急いで本を買いに行くことになりました。私が読んで、「実はあの話の続きはね……」という感じで盛り上がりましたね。そうすると、子どもも国語って楽しいんだと思えるのです。

そうすれば、字を読むのは面倒くさくないし、文章を読むと面白い世界が広がっているんだと思うんですね。それで、自分でも読んでみようかとなり、それが読解力になり、ひいては国語の点数が取れる子になるのです。

子どもはいつまでも小さいままではありません。いつか必ず自分で読んだほうが早くて面白いってことに気がつきます。だから、**子どもから「もういいよ」と言われるまで読んであげてほしいと思います。**

12

A <<< Q

ママ友は作ったほうがいいでしょうか。

情報交換は必要。でも、つかず離れずうまく距離を保ちましょう。

Q

私自身、ママ友は進んで作りたいとは思わず、別にいなくてもいいのですが、年中の娘が休日もお友だちと遊びたがり、そのためには、そのお友だちのママとある程度の関係を作らなくてはなりません。たくさんのお友だちと遊びたがる我が子のためにはママ友を作ったほうがいいのでしょうか？（千葉県・30代）

A

まず、「休日もお友だちと遊びたがり」とありますが、休日によそのお宅で遊ばせるのは迷惑ですよ。休日に遊びに行くべきではないと思います。そのことは、子どもによく説明をしておいてください。毎日毎日同じお友だちのうちで遊ぶのも、そこのお母さんは言わないかもしれませんが、かなり迷惑だと思います。そのように、人の好意に甘えてばかりだとお母さんとの関係もうまくいきません。

しかし、子どもが友だちと遊ぶためにも、**情報を交換するという意味でも、お母さん同士の関係はある程度必要**になりますが、ママ友というのは距離の保ち方が難しいというのも事実です。

幼稚園や小学校で仲が良かったのに、塾に入ったら成績の良し悪しで、上下関係が逆転したりということもあるようです。さらにはママ友の間でボス的な人ができたり、派閥ができたりするという話も聞いたことがあります。

悩みや話したいことがあるとき、ランチやお茶で気が紛れることもありますが、それをいつも同じ人と続けると関係が深くなりすぎたりしますから、気をつけないといけないですね。やはり、**つかず離れずというような関係がいいのではないでしょうか。**

子育ては確かに孤独なときもありますが、その孤独を埋めるために相手に頼りすぎないいということです。頼りすぎて、相手の迷惑を考えずに長電話をしたり、ＬＩＮＥを頻繁《ひんぱん》に送ったりするということにもなりかねないですよね？ やはりお互いの家庭の中に入り込みすぎないことです。

ですから、「別にいなくていい」と思うのであれば、うまく距離をとって、知り合い程度の付き合いをされたらいいのではないでしょうか。

私の場合は子どもが４人もいてバタバタしていたので、深いお付き合いはできませんでした。

でも、知り合いのお母さん方には、保護者会の日を教えてもらったり（なんと保護者会の日を忘れたことがあるのです。それで、他のお母さん方が心配してくださって、いつも確認の声をかけてくれました。ありがたかったです）、また、子どもを預かってもらったり、子どもに食事をさせてもらったりと、本当にお世話になりました。そのときのことは今でもとても感謝しています。

13

A <<< Q

上の子ばかり我慢させ、叱ってしまいます。

どうしても子どもにかまってあげられないときは、言葉をつくして事情を説明してあげてください。

Q

1歳の娘と3歳の息子がいます。下の子の世話をしていると、上の子に我慢させることが多かったり、つい強く叱ってしまったりすることがあります。家事や自分のことなら時間を調整したり、後回しにもできるのですが、下の子の世話はそういうわけにもいかず、いつも対応に迷ってしまいます。どうしたらいいでしょうか？（長野県・30代）

A

上の子といっても3歳ということを忘れないでくださいね。まだまだ小さい子どもなのでお母さんに甘えたいのです。それを我慢させたり強く叱ったりするのは間違いです。例えば、下の子におっぱいをあげたり、抱っこしなければならないようなときは、それをしながら上の子に絵本を読んであげるとか、**二人を同時にかまってあげるよう必ず工夫してほしいと思います。**

下の子のことで我慢させられたり、叱られてばかりいたら、上の子は非常に悲しい思いをしますよ。深く傷ついてしまいます。それでは、後々兄弟が仲良くできませんよね。

私は下の子の世話をしているときに、上の子が「ママ、ママ!」と声をかけてきてどうしても手が離せない場合、「今こういう事情でこの子にかまわないといけないから、ちょっと待っててね」「5分くらいで終わるから、絵本を読んでてね」というように、いつも説明をしていました。

私が疲れきっていたときには、「ママはちょっとしんどいから寝かせて」と説明しました。例えば「ママはしんどいから、静かにして!」と叱っても、小さな子どもはよくわからないのでお母さんは怒っていると思うだけです。でも事情を説明すれば理解して、静かに遊んでくれました。

長男が灘《なだ》中受験を控えた6年生のときにも、5年生の次男、3年生の三男、年中の娘に、「今年は長男が受験なので、ママは長男に時間をかけることになって、どうしてもこれまでのようには、あなたたちに時間をかけられなくなってしまうけど、でもあなたたちのこの1年も、それぞれに大事だと思っているからね」と伝え、長男には「あなたが一人っ子だったらママはもっとあなただけに手がかけられるけど、下の3人のことも大事なのでママが忙しいときは自分で頑張ってね」と説明しておきました。

事情がわかれば子どもも納得できるし、協力もしてくれます。ぜひ上のお子さんにも言葉をつくして事情を説明してあげてくださいね。

14

A <<< Q

子育てと自分の時間・自由とのバランスの取り方を教えてください。

子どもが18歳になるまでは、子どもを優先。

Q

5歳（年長）の息子のママです。息子は一人っ子ですが、私は時折自分の時間を優先しています。自分にゆとりがないと、家族に笑顔で接することができないと考えているからです。佐藤ママはアグネス・チャンさんとの対談のお知らせブログ（2017/12/23）で、母親が、自分のすべての時間を子どものために使って、育てることが大事とお話しされていましたが、子育て中のママに、自由・時間・尊厳・人格はないのでしょうか。佐藤ママはどうやって自分の時間・自由とのバランスを取っていたのでしょうか。（山梨県・30代）

A

まず、「子育て中のママに、自由、自分のための時間」はないと覚悟をすることです。「尊厳、人格」は、子育てとは何も関係がないでしょ？　子育てで自分が自由に使う時間がないことや、自分がやりたいことをやりたいときにできる自由がないことが、ご自分の尊厳をなくし人格を否定されていると考えているようですが、それは**〈子育てに対する覚悟〉**が圧倒的に足りません。「時折自分の時間を優先しています。自分にゆとりがないと、家族に笑顔で接することができない」とご質問にありますが、その間、子どもはどうしているのですか？　もうすぐ、子どもは学校に行くし、もっと大きくなったら、どうせお母さんから離れていきますから、自分の時間なんてイヤというほど持てるようになりますよ。

「母親のゆとり」とは？　そもそも、「ゆとり」とは？　まず、自分のことを最優先に考えすぎ。子どものことをまず、優先して考えるのが不可欠。何も知らない、何も自分一人ではできない、全幅の信頼をお母さんに寄せているあなたの子どもの目を、目の中に映っているあなたの姿をご覧になってください。それでも、「母親の自由、ゆとり」などという言葉が出ますか？

「すべての時間を子どものために使うと、ママの自由と時間、尊厳、人格がなくなる」と思われているようですが、それは本末転倒です。**〈子どもの自由と時間、人格と尊厳を優先すること〉が母親の責任であり使命**ですから、私は自分自身の自由とか時間のバランスといったことは、一切考えませんでした。もちろん、すき間時間に本とか新聞とかを読みましたけど、何をするのでも子どもを優先しました。

ランチもよく誘われましたが、子どもの予定をまず考えて行っていました。だから、ほとんど参加はできませんでした。子どもを犠牲にして行っても楽しくないからです。子どもが学校に行っている間だけにランチをする、ということにしていました。

子どもと接すべき時間に自分のことを優先すれば、多少の自由は得られるでしょう。でも、果たしてそれで心から楽しめるでしょうか。

子どもが幼稚園に行っている間などに自分のことを優先するとして、それ以外の時間は子どもを優先する。覚悟を持って、お子さんを育ててほしいと思います。そのことは、必ずお母さんの人生をも確かなものにすることになりますから、ぜひお子さんと楽しく過ごしてくださいね。

15

A <<< Q

性格が違う兄妹どちらに合わせて子育てや進路を決めていけばよいのでしょうか?

何があっても絶対に二人を比べず、進路や子育てはそれぞれに合った対応をしてください。

Q

3歳の息子と2歳の娘の年子育児をしています。息子は1歳半くらいからとにかくチョロチョロする子で、ようやく少し落ち着いて行動できるようになりましたが、発育が少しゆっくりめなので不安を感じ、現在自由型の保育園と療育を併用しています。年子育児とあって、私自身に余裕がなく、手のかかる息子に娘は放置のときもしばしばです。娘は、好奇心旺盛で、勉強や運動にも大変意欲的なので、しっかり娘の進路も考えようと思い、先日、お勉強や運動重視の幼稚園に見学に行ってきました。タイミングよく、欠員が出て、3歳児の受け入れも可能ということで、来月から息子もそこへ転入させる予定です。息子には、少し負担かと思いますが、息子のポテンシャルにかけてという思いと、やはり幼少期の教育が大切だと思ったからです。兄妹どちらに合わせて今後の子育てや進路を決めていけばいいのでしょうか？（群馬県・30代）

A

子育てでは、**18歳までは、子どものありのままを受け入れることが大事**だと思います。例えば、子どもの足が遅かったとしても、「遅いなら遅くてもいいじゃない」と、ありのままを受け入れる。中3とか高1で勉強しなくて成績が悪くても、とりあえずありのままを受け入れて、「この子は何が苦手なのかな」と考えて、それがわかったら親が一緒になって、方向性を見出す。それが親の役割だと思います。

勉強ができて、スポーツができて、性格のいい子なら申し分ありませんが、なかなかそうはいきません。だから、**ありのままを受け入れる。よそのお子さんと比べないのは当たり前のことですよね。**

お子さんは、妹さんが活発でお兄ちゃんがのんびりしているということですが、いずれまた、性格は変わったりしますから、**この子はこうだと決めつけないことです。**

進路については、どちらに合わせるかではなく、それぞれに合った対応をするのがいいのではないでしょうか。とはいえ、送り迎えなどの都合もあるでしょうから、その辺の事情も加味して、できるだけそれぞれに合った進路を考えられたらいいと思います。

また「息子のポテンシャルにかけて」とありますが、お子さんの様子をよく見てあげてくださいね。無理をしている様子でしたら、方針を考え直す必要がありますね。息子さんに手がかかるからといって、娘さんを放置すると、あとで娘さんに問題が起こりかねません。まだまだ、2人とも小さいということを忘れないでくださいね。

16

A ‹‹‹ Q

子どもの将来を考えたとき、毎年、毎月、毎日の目標をどう立てればいいですか。

0〜3歳、4〜6歳、小1〜小3、小4〜小6、中1〜中3、高1〜高3、というようにまず3年ごとに習得するべきものを考えるとわかりやすいです。それを、1年、1カ月、1日単位に計画を立てるのです。

Q

娘はまだ3歳の幼稚園生ですが、将来を考えたときに（小学校は公立、私立中学受験、国立大学受験）、逆算して毎年、毎月、毎日の目標をどう立てればいいか、是非佐藤ママさんの実践方法、日々のスケジュールなど参考にさせていただきたいです！（神奈川県・30代）

A

0〜3歳、4〜6歳、小1〜小3など、まず3年ごとに習得するべきことを考えるとわかりやすいです。

0〜3歳　絵本を読んだり、童謡を歌ったり聞かせたりしてきれいな日本語に触れさせる。

4〜6歳　ひらがな、カタカナ、数字、一桁の足し算、九九をやり始め、入学式までに仕上げる。早生まれなどの差もあるので、間に合わなくてもOKです。そのときはどっちみち小学校でもやるんだし、と気楽に考えることも大事。

小1〜小3　学校のカリキュラムに慣れ、小テストなどをきちんと押さえる。それぞれの学年の範囲を覚え残さないように。英語は、何も知らないと学校の英語の時間が楽しくないので近くの会話学校にでも行くのもいいかも。

小4〜小6　中学受験をするのなら、英語はやめる。習い事も整理。進学塾に行き始める。最近は、小3からというのも多い。それは、子どもの性格、様子、親の事情、地域の特性などを考えて決める。塾に行き始めたら、学校より塾を優先させる。学校のこともきちんとやりながら、塾の宿題をすべてすませる工夫を。

中1～中3　中高一貫校なので、この時期はクラブ、学校の行事を目一杯楽しむが、中間、期末テストはしっかり勉強する。ここでサボると、高校に入ってからついていけない。

高1～高3　受験のことを具体的に考え始め、学校生活を学業優先で考える。部活、塾などを計画的に。

特に**小学校くらいまでの日々のスケジュールを立てるときは、量、時間、レベルで子どもの笑顔が消えないような程度にしておくことがコツ**です。子どもが笑顔ではなくなったとき、何かが合っていないので、子どもをスケジュールに合わせて頑張らせたりせずに、すぐやり方を変えることです。常に微調整をしながら前に進まなければならないのです。お母さんの理想を決して押し付けないことです。1日のスケジュールは、まず、睡眠時間をしっかり確保してそのほかの予定を入れるといいですね。

17

A <<< Q

親をめぐっての兄弟喧嘩が絶えません。小さいときから、子どもは親の愛情をはかるもの。どちらかに我慢させていませんか？

Q

佐藤さんはすべての面で子どもたちと公平に接していらしたので、兄弟皆様仲がいいと本に書かれていたと思いますが、お子様が小さいときは、兄弟間で母親や父親の取り合いなどの喧嘩はなかったのでしょうか？　もし、あった場合はどのように対応されていたのでしょうか？　我が家は現在5歳息子と2歳娘がおり、親をめぐっての喧嘩が絶えません。その際の対応について、どのようにしたらうまく対処できるのか、アドバイスを頂戴できると幸いです。（宮城県・30代）

5歳と2歳が、お母さんを取り合うなんていいですね〜。お母さんは、大変でしょうけど幸せな状態だと、まず楽しむことですね。うちは4人でしたが、長男と次男が年子なので、2歳と1歳くらいのときは、眠くなると私のおっぱいを大泣きして取り合っていました。私は当時途方にくれましたけど、とりあえず2人を抱っこして、おっぱいを一つずつ飲ませていましたが、それでも手で相手を押したり引っ張ったりして大騒ぎでしたね。私は、おっぱいがビヨーンとろくろ首のように伸びて2人にあげられたらいいのになあ〜と、真面目に考えたときもありました。でも、なぜか母親と父親を取り合うということはありませんでしたね。ご質問に、親をめぐっての喧嘩、とありますが、それはお母さんとお父さんとでうまい具合に相手をしてあげて、**喧嘩が始まっても「お兄ちゃんなんだから、あとで」とか「妹なんだから、先に」などとは言わないことです。**両方とも小さい子どもだということを忘れずに。

我が家である晩、主人が帰ってきたときに、3人が言い争っていました。主人は「もう、夜も遅いし、近所迷惑だから静かにしなさい」と言って収めようとしたのですが、そのような言い方に子どもたちは反発していました。「近所迷惑だから」という理由は、そのときの争い事の本質とはなんの関係もないので、そのような理由を持ち出しても、なんの解決にもなりませんよね。それでは子どもたちはまったく納得できないままになります。このような収め方を大人は実はよくするのですが、その場しのぎの解決方法で終わらせようとするのは、間違っているのです。

大切なのは、それぞれの言い分を認めつつ、それぞれの悪い点を指摘して、お互いに納得し合うこと。

5歳と2歳のお子さんが喧嘩をするということですが、もしかすると5歳の息子さんが、これまで我慢させられることが多かったのかもしれませんね。

兄弟というのは、小さなことでも親からの愛情をはかったりするものです。**我が家は、誰かの誕生日には、誕生日の子だけではなく、全員に同じプレゼントを買ってあげるようにしていました。**

例えば長男の誕生日に長男だけにプレゼントをあげたとします。長男はもらってうれしいのでプレゼントのおもちゃをしばらくは独り占めしますよね？　その間、下の子たちはみんな指をくわえて「いいな〜」と見ているしかありません。

それは、みんな小さな子どもたちなのだからかわいそう。だからうちでは誰一人我慢させないために、誕生日には、同じものを全員にあげていました。それで、みんなが誰かの誕生日を楽しみにしていましたよ。自分も同じものをもらえますからね。

食べ物も同じようにしました。**ケーキや果物なども、全部4等分に分けて出しました。**一番小さな娘は息子たちと同じ量を食べられませんが、娘は残した分を3人のお兄ちゃんたちに分けてあげていました。ぶどうの巨峰《きょほう》なども一粒ずつ数えて同じになるようにお皿に入れていました。そこまで徹底することが、私は大事だと思います。

例えば、9歳の長男と2歳の娘では、食べられる量は明らかに違うのはわかっています。娘が長男と同じ量を食べられないこともわかるのですが、さあ今から食べましょうというときに、目の前に出された食べ物の量が明らかに違っていたら、気分が悪いでしょ？ それは、大人でもそうですよね？ やはり、目の前に出すときは必ず同じ量を出すというのが、基本です。

18

A <<< Q

子どもが幼稚園に行きたがりません。

幼稚園は行きたいときだけ行けばいい、くらいにゆるく考える。

Q

この4月に娘（3歳）が幼稚園に入園しました。毎朝「幼稚園に行きたくない、行かない」と言って困っています。泣きながら登園、または制服を嫌がり、パンツ一枚で車中でストライキなんて日もあります。娘に理由を聞くと「お母さんと離れるのが寂しい」とのことでした。抱きしめたり「ありがとう、お母さんも寂しいけど、幼稚園でお友だちと過ごすのはとても楽しいよ」と声をかけたりしていました。しかし最近では、自分の思い通りにならないこと……例えば制服のボタンがとめられない、上手く鞄《かばん》が背負えないなどを理由に、途端に不機嫌になり「行かない！」と大荒れです。一方、幼稚園では楽しく過ごしている様子が先生や他の親御さんからの情報でわかりました。

子どもに「幼稚園行きたくない」と言われたら何と声をかけるのがよいでしょうか？　一度休むと癖になるのでは……と思い、今のところ休まず登園させています。しかし、私は娘にかける言葉に自信が持てずにいます。その場しのぎの嘘やごまかしを言いたくありません。アドバイスをよろしくお願いいたします。

（埼玉県・30代）

A

3歳は幼稚園に「行きたくない」「行かないって」と言いますよね。まだ小さいですから、**本人が行きたくないのであれば、無理して行かせなくてもいいと思います。**

ちなみに、うちは長男と次男が年子なので、長男を年中に入れたタイミングで、次男を年少に入れました。長男は楽しく行っていたんですけど、次男は3月生まれで、3歳になったばかりでしたから「行かない！」と毎日言っていました。行きたくないものを無理やり連れていくのもかわいそうなので、そういう日は家で遊ばせたり、おやつだけ取りに行って園庭でちょっと遊ばせてもらって帰ってきたりしていました。

三男も2月生まれで、下の娘が生まれた年に年少で幼稚園に入れたのですけど、やはり「行きたくない」と毎朝泣いていました。三男は制服も嫌がり、幼稚園まで歩くのも嫌がったので、制服ではなく私服で、歩いて12〜13分の道のりをお父さんに肩車してもらって、幼稚園に通っていました。お父さんは、スーツにカバンを持って肩車は大変だったと思いますが、肩車でないと幼稚園に行かないというのでそのとおりに。でも、門の前で幼稚園の先生に渡すときはまた泣いていました。ところが、先生に手を引かれて入って行ったら泣き止んでいたそうです。年少のときに、幼稚園に行ったのはせいぜい一週間に1、2回でした（笑）。

休み癖がつくことを心配されていますが、幼稚園は何が何でも行かなければならないところではありません。逆に叱りながら、泣き叫ぶ子を引きずりながら幼稚園に行くのは、幼稚園や学校が楽しくないところだという感覚を植え付けるのでやめたほうがいいと思います。あるとき私が三男を幼稚園に連れて行って、お部屋の前でバイバイと言ったところ、三男が「僕も帰る」と言い出したので、

「ママは今から郵便局に行かないといけないから、遊んで待っててね」と話してやっと別れたのです。実は郵便局に行くというのは嘘だったのですが、三男を置いていくためにとっさに口から出たのです。三男は「うん」と言ってわかってくれたようなので、私は園を出てお迎えの時間に戻ってきました。そうすると、先生が「佐藤さん、息子さんは、ママは郵便局に行ってすぐ帰ってくるからと言って、ずっと外で立って待っていましたよ。これからは、嘘は言わないようにしてください」とおっしゃるのです。どうやら三男は、私と別れた場所でずっと遊びもせずに待っていたらしい。これは、いろいろ考えさせられた出来事でした。三男は年中組からは、憑《つ》き物が落ちたかのように、毎日ニコニコで行くようになりました。あとで考えてみると、妹が生まれたときだったので、ママのそばに自分もいたくて泣いていた、いわば赤ちゃん返りだったのだと気がつきました。

　年齢が上がれば行きたがるようになりますので、幼いときは行きたいときだけ行けばいいくらいに、ゆるく考えたらいいんじゃないでしょうか。

［日常生活編］

19

Q
料理のレパートリーが少なく、似たようなメニューばかりになってしまいます。

A
自分のレパートリーを書き出して、ローテーションすればいかがですか？　ときには、料理本の中から選んだものを作ってみる。

Q

3歳女児と5歳男児の母です。共働きなのと、私の料理のレパートリーが少なく、なかなかいろいろな物を作ってあげられていません。家庭で食べる料理はやはり大切だとお考えでしょうか？　平日の朝食・夕食の献立を教えていただけたら嬉しいです。（東京都・30代）

A

食事は毎日のことですし、何の料理を作るかはお母さんの悩みの一つでもありますよね。私は、いちいち困らないように一時期、自分のレパートリーを書き出して、冷蔵庫に貼っていたことがあります。

例えば朝食だったら、ホットケーキ、ホットドッグ、ピザトースト、イチゴジャムトースト、おにぎり（ツナマヨ、辛子めんたい、オムライス、梅、鰹節、キムチ、小松菜と豚肉チャーハンなど）、目玉焼きのせご飯、フランクフルト、味噌汁。夕飯だったらカレー、シチュー、親子丼、カツ丼、豚バラ丼、牛丼、ハンバーグ、ボンゴレ、カルボナーラ、魚介のトマトスパゲッティ、韓国風巻き寿司、しゃぶしゃぶ、ちゃんこ鍋、ベーコン鍋、唐揚げ、牛肉のステーキ、すきやき、水炊き、アジの干物、握り寿し、揚げおにぎり、焼きそば、ざるそば、にゅうめんなどでしょうか。お昼は、あるもので適当に。あまり手の込んだものを作る時間はありませんでした。**ごく普通の思いつくメニューを、書き出してみて冷蔵庫にでも貼っておくと何にしようかと迷ったとき、意外と便利です。**

うちの子どもたちを見ていると、30個くらいのメニューを回すと「飽きた〜」とは言わないことに気がつきました。30日前のことはどうやら忘れるらしいことを発見！　それで30個のメニューを回すことにし、その合間に月に一度ぐらい今まで作ったことがない新しいメニューを入れてみると、「うわー、これ何？」と大喜びしていました。カレーは、やはり大好きな定番料理なので、2週間に1回出していましたが、喜んでいました。カレーの中でも、溶けるチーズを載せて真ん中に卵を落としてオーブンで焼く〈焼きカレー〉が大人気でした。食事を子どもたちに喜んでもらうのには、メニューの頻度が大事なんです。

私がこだわったのは、まず**無農薬の素材を使うこと**。そしてもう一つのこだわりが**「おふくろの味」**です。おふくろの味といっても、「肉じゃが」とか「ぶり大根」といった定番のメニューではなく、私が自らの手で作る料理のことなのです。つまり、私が死んだら食べることができない料理のことです。今時の冷凍食品やレトルト食品は非常に美味しいのですが、やはり、〈私の味〉にこだわりました。

うちの食卓は決して品数は多くないので、『粗食のすすめ』（幕内秀夫著）という本を見た幼稚園の三男が、「ママ、うちの料理にそっくりだね」と言ったので大笑いしたことがあります（笑）。

20

A <<< Q

寝る前に限って子どもが遊びに集中してしまいます。

とにかく、とことん遊ばせましょう。

Q

5歳の息子がいます。夜9時前には寝かせたいと思っていますが、寝る前に限って、レゴなどの遊びに集中することが多いです。この場合、子どもの集中力を優先すべきか、それとも睡眠を優先すべきか悩みます。今は、睡眠を優先させて遊びを切り上げさせているのですが、とことん遊ばせてあげたほうがいいのでしょうか？（兵庫県・30代）

A

5歳なので、夜9時には確かに寝かせたいですよね。でも、たまには、夜中でもとことん遊ばせて、遊び疲れてレゴを持ったまま寝てしまったというのもいいと思います。そのときは、次の日は幼稚園をお休みしてお昼まで寝かせておいたらいいのでは。子どもは幼稚園にも行きたいので、次の日からまたしばらくは、9時に寝るようになりますよ。幼稚園児は、ハンコで押したような生活はできないので、ちゃんと早く寝る日もあれば、夜遅くまで時間の経《た》つのも忘れて遊ぶ日もある、というスタンスでいったらいいと思います。小学校になると、そうはいっていられないので。**幼稚園のときは、思いっきり遊んで、楽しかったなあと後々言えるような思い出を作ってあげてください。**

21

A <<< Q

おやつがないと大泣きしてしまいます。

ご飯をしっかり食べさせて、お腹が減らないようにしてあげる。

Q

2歳の息子がイヤイヤ期です。今までスーパーへ行くたびにお菓子やジュースを買い与えて、家の中でもおやつの時間がありました。佐藤さんの本を読んでお菓子は必要ないと感じ、これからは与えないようにしたいと思うのですが、毎回大泣きでお店では寝転んで泣いてしまいます。どうやっておやつの習慣をなくしたらいいでしょうか？（愛知県・20代）

A

なるほどね〜。私は、子育てを始める前にいろいろ考えて、よくある〈3時のおやつ〉というのは果たして必要なのか？　と思いました。そもそも、朝7時に朝食、12時に昼食、6時か7時に夕食となると、12時と6時の間の3時におやつを食べさせたら夕食を食べられないでしょ？　しっかり昼食をとったうえに、お菓子もケーキやポテトチップなど、しかも砂糖がたっぷり入ったジュースと一緒に食べたら、夕食を食べられなくなりますよ。やはり、**体を作るのは、朝昼晩の食事です**。ご質問の方は、スーパーに行くたびにお菓子やジュースを買い与えていたのが、癖になってしまったんですね。一度習慣になったことを変えるのはなかなか難しいので、**スーパーに行く回数を減らして、買い与える機会を自動的に減らすとか、おやつも習慣になっているようなら、少しずつ量を減らして、ご飯をたくさん食べるように持っていくことですね。**

それから、お子さんがおやつをほしがるのは、もしかするとご飯が足りていないからかもしれません。その場合は、ご飯に工夫をしてしっかり食べさせてみてください。あと1〜2年もすれば幼稚園に行くようになり、お腹の空き方も変わってきますので、しばらく見守ってあげてください。

22

A ‹‹‹ Q

何歳から個室を与えたほうがいいでしょうか。

12歳までは目の前で勉強させてください。

Q

子どもに個室が必要な年齢は何歳頃でしょうか。リビング学習はさせたくないのです。（島根県・30代）

A

個室を与えるとしたら、中学生になってからがいいと思います。リビング学習をさせたくないのは、家が散らかるからでしょうか。子どもは一人では勉強できないし、12歳まではすごく大事な時期ですから、親がフォローしやすいように目の前でやらせたほうがいいと思います。

ちなみにうちは、**4人とも大学に入るまで個室を持たず、リビングでみんなで勉強していました。** 4人もいたので、例えば中1から部屋をあげるとしたら、一人ずつみんなの集まりから抜けていくことになり、それは寂しいと思ったので、とりあえず18歳までは、肩を寄せ合って生きていこうと思ったのです。

子どもがだんだん大きくなっていくので、部屋がだんだん小さくなっていき、みんなで話していると部屋の中の空気が薄くなるのでは？　と冗談を言っていましたが、今となってはそれも楽しい思い出です。

23

A ‹‹‹ Q

子どもがぐずるとテレビを見せてしまいます。

私は、12歳までテレビは見せませんでした。テレビは非日常的なものに。

Q

佐藤先生の著書の中で、テレビを2階のエアコンのない部屋に設置しているため、子どもたちが見に行くことはあまりないと書いてあり、なるほどと思いました。私には現在5カ月の息子がいるのですが、お子様方が同じくらいの月齢の頃からテレビはお見せになっていなかったのでしょうか。うちの子には、ぐずるとテレビを見せています。（愛知県・20代）

A

我が家は、長男が生まれる前にテレビは2階に上げました。5カ月のお子さんにぐずるとテレビを見せるというのは、やはりよくないと思います。一度テレビを見る習慣がつくと、ぐずらない歳になっても見続け、見る時間もどんどん延びていくでしょう。今は、テレビだけでなく、ＹｏｕＴｕｂｅを見せるお母さんもいると聞きます。もうキリがありませんよね。

確かにテレビを見せたらお子さんは大人しくなるかもしれませんが、それはお母さんが楽しようとしているだけの話ではないですか？ ぐずるときには、抱っこしたり、お散歩したり、お母さんが遊んだりしてあげればいいでしょ？ テレビ育児は楽なのですが、後々面倒なことになりますよ。テレビは中毒性がありますし、内容も子どもには聞かせたくない言葉も飛び交いますから。

うちでは基本的に、生まれたときから12歳までテレビは見せませんでした。時々『名探偵コナン』とかは見せていましたけど、**あくまでテレビを見るのは特別なこと。テレビは非日常的なものとしていました。**

私が子どもたちにテレビを見せなかったのは、テレビから流れてくる日本語が綺麗ではないのと、殴《なぐ》ったり蹴《け》ったりといった子どもたちに見せたくないような場面も流れているからです。しかも子どもが４人もいると、年齢によって見たい番組が違ったりして、それぞれの子どもの欲望を満たすには、それこそテレビが4台も必要になってしまいます。それはありえないと思ったので、テレビは普段子どもたちが過ごす1階ではなく、2階に置くことにしたのです。

長男が生まれた1991年から、12歳になった2003年くらいまでの12年間は、私もほとんどテレビを見ませんでした。それで、その12年の間にヒットした歌やドラマは、まったく知らないのです。SMAPもほとんど知らないまま終わりましたが、別に困ることはありません（笑）。

24

A <<< Q

子どもが気持ちよく勉強する環境にするには？

学習机や本棚は、子どもが初めて持つ家具なので、しっかりしたものを。

Q

年長の6歳の長男に学習机を購入しようと考えています。昔ながらのしっかりとした作りで長持ちするものを購入したいのですが、時代が時代で、カフェ系机が多かったり、安物だったり、コレといったものが見つからず困っています。さらにずらっと参考書等々が並べられている佐藤さんの本棚についても知りたいです。我が家は、現在三段ボックスを並べて、数百冊の本を入れているのですが、きしんでしまっています。図書館も利用しますが、本は購入して繰り返し読めるようにしています。使いやすく、整っていない環境だと親子共々落ち着かず、気持ちよく勉強したり学ぶことができないと思っています。（神奈川県・40代）

A

学習机は、子どもが初めて所有する家具なので、うちでは浜本工芸というメーカーの無垢材でできたものを買いました。一セット十数万円しましたが、兄弟の中で差が出てはいけないので、4人とも浜本工芸の学習机で揃えました。浜本工芸の机は、木の手触りがよく、重くてどっしりとしています。色も落ち着いた感じですね。

でも子どもたちはみんな勉強をコタツでやることが多かったので、今考えてみるとそこまで気張ることもなかったと思いますが、**子どもたちにとって生まれて初めて自分のものになる机は、品質の良いものにしてよかったと思います。**

ご質問にあるようにグラついたりすると勉強に集中できないので、お子さんには、ある程度しっかりした作りのものを買ってあげてほしいと思います。

本棚についてですが、私も最初は三段ボックスにしていたのですが、本が重いので歪《ゆが》んでしまいました。数百冊の本をお持ちということなので、それは三段ボックスではもう無理だと思います。本のカバー写真にもなった本棚は、DIYで作りました。ホームセンターで材料を買って、私と主人で組み立てたものです。しっかりした板を買ってきて、板の角と角を金属の留め金で挟んで、釘を打ち込んだらできるものです。作り方はすごく簡単で、誰にでもできますし、かなり板が重いのでしっかりした作りの本棚になりました。ぎっしりと本を詰めていますが、ビクともしていません。

あの本棚を作った頃は、子どもたちがまだ小さかったので、子どもが自分で本を引き出せるようにと、棚を2段にし、8畳の部屋の壁に沿わせるようにL字型にしつらえました。**本に手が届かないと子どもは触らないですから。**

本は購入するにもお金がかかるし、置き場所も必要になり大変ですが、借りたものと自分のものとではやはり違います。無理のない程度にですが、できるだけ購入されることをおすすめします。

25

A <<< Q

幼稚園が夏休みの間のおすすめの過ごし方は？

小さい子どもは、楽しさ優先でのびのび、そして、のんびり過ごしましょう。

Q

3歳の息子と1歳の娘がいます。幼稚園が夏休みの間、何かおすすめの過ごし方は、ありますか？　男の子と女の子の育て方で気をつけることはありますか？
（大阪府・30代）

A

せっかくの夏休みですので、暑さと天候に十分気をつけながら、外遊びをしましょう。でも、毎日遊ぶ必要はありませんよ。家で親子で絵本を読んだりゴロゴロしたり、時々はひらがなや数字などのプリントをするのも楽しいですね。お料理を一緒にするのもいい思い出になります。お母さんも幼稚園の送迎がないので、日頃の疲れが取れるような過ごし方をしてください。

3歳も1歳もまだまだ小さいので、暑いときに外出するのもプールに連れて行くのも大変。だから基本的には「外に出なくてもいいや」って、気楽に思うことですね。絶対に外遊びをしなければ！　などと思わないように。

私は、公文のプリントを少しさせ、それ以外は自由に遊ばせていました。おすすめの家での遊びは、工作や折り紙。私は何冊も工作と折り紙の本を買ってきてやっていました。あとは、ピースが大きめのジグソーパズルやカルタとかもやっていましたね。

早めの知育を意識しているお母さんも少なくないと思いますが、**遊びは楽しさが優先**です。お母さんが下心を持っていては、子どもはのびのびと遊べませんよ。知育玩具はよくできているので私もいろいろと取り揃えていましたが、それを使って賢《かしこ》くしようとは考えませんでした。

男の子と女の子の育て方ですが、この時期は全く同じでいいと思います。長男と娘は7つ離れていましたけど、同じ遊びをさせていました。

26

A ‹‹‹ Q

幼児期から学童期にかけ、アニメやゲームとどのように距離を取ればいいですか？

12歳まではテレビやゲームはシャットアウト。方針を死守することが大切。

Q

我が家は現在4歳の女児がおり、『プリキュア』という女の子用のアニメの世界に夢中です。クラスのお友だちもほとんどがプリキュア大好きで、園ではその話題で持ち切りの様子です。絵本の読み聞かせや童謡の歌い聞かせなども毎日してはいますが、やはりプリキュアなどのきらきらしたアニメやテーマソングの魅力にはまったくかないません（笑）。これから年齢が上がるにつれ、今度はゲーム等にも興味を持つかと思うのですが、それらと完全に切り離しておくことはできそうにありません。佐藤さんのお子さんは、幼児期から学童期においてアニメやゲームとどのように距離を取っておられたのでしょう？（群馬県・30代）

A

うちでは12歳までは基本的にテレビやゲームはシャットアウトしていました。

うちの娘が小さいときは『セーラームーン』が放映されていて、娘の幼稚園では『セーラームーン』ごっこが流行《はや》っていたようです。テレビを見ていない娘は、お友だちに教えてもらって『セーラームーン』ごっこをしていたようで、特に仲間外れにされることもありませんでした。

マンガも一切買わなかったので、家にはマンガが一冊もありませんでした。長男が小3のとき、体調を崩して1週間ほど学校を休んだら、『ドラえもん』のマンガ本を3冊お見舞いでいただきました。このとき、4人の子どもたちは大喜びで、みんなで必死に読んでいました。私は放っておきましたが、じっと見ていると子どもたちは、一体何回読んだら気がすむのかというほど、4人で同じマンガを読み続けるのです。やはり、人間はすぐ易《やす》きに流れるのだなと理解しました。それで、1週間経ったときに3冊を取り上げ、古本屋さんに持っていくことに。やはり、家にマンガはいらないと再確認した次第です。

ゲームに関しては禁止でしたが、上の2人が中学生になった頃には、家にWi

iはあったので、日曜日に雨が降っていてテストも何もないというときなどに、「じゃあみんなで2階で遊ぼうか」と上がって、時間を決めてワーッと遊ぶこともありました。

それから**テレビもマンガもゲームも「うちの家ではなし」としていましたが、友だちの家に行ったときには遊んでいいとしていました。**長男はゲーム好きのお友だちとよく遊んでいて、その子の家に行ってはゲームの攻略法を教えてもらっていたようです。

「12歳までシャットアウト」というと厳しく感じるかもしれませんが、裏を返せば「12歳になったらしてもいい」ということです。「一生するな」と禁じているわけではないので、成功報酬的なルールも特に作りませんでした。

子どもが小さいうちは、親がコントロールするのは当たり前のこと。「うちでは12歳になるまでテレビ、マンガ、ゲームから遠ざける」と決めたら、子どもにその理由をきちんと話して、徹底すればいいのではないでしょうか。

周りの子たちと同じにする必要などありません。周りの子はそれぞれの考え方があるわけなので、自分の方針を決めることが大切だと思います。

27

Q 兄弟で同じ楽器は習わせないほうがいい？

A そんなことはないです。でも、楽器は年齢に関係なく習得の早さが違いますから、〈決して比べないこと〉を覚悟して習わせること。

Q

10カ月の男の子の双子を育てております。次第にそれぞれの個性が出てきて、ついつい比較してしまいます。比較しないよう心がけていても、ついこの子はこうだ、あの子はこうだと決めつけてしまいがちです。双子もお互いに無意識のうち比較し合うと聞きます。双子の上には4歳の娘がおり、3歳からピアノを習っていることから、双子にも同じように習わせようと考えております。ただ同じ楽器を同じ時期に始めさせたら、優劣がハッキリしてしまいます。同じ進度ならいいけど、そうではないケースも考えられるので、お互いの自尊心を傷つけないためには違う楽器をやらせたほうがいいのでしょうか？（千葉県・30代）

A

子育てをするときは、双子であろうと兄弟であろうといろいろな面で差は出ますよ。それを〈優劣〉と捉えるのがそもそもの間違いですよね。お母さんが子どものことをいちいち比べていたら、子どもはたまりませんよ。一人っ子でも習いに行った教室で他のお子さんとも差が出るのですから、〈差〉と考えずに〈違い〉と捉えることです。

兄弟間の違いなど、プロのピアニストを目指すならまだしも、そんなに先々のことを考えてもしかたないですよ。同じ楽器でも違う楽器でも、その楽器の音色や曲を好きかどうかなので、そこらへんはお母さんの趣味で選んでもいいと思います。子どもがやりたいと言った楽器でもいいし。

子育ては、何事においても〈比べない〉との覚悟が必須。その腹の括《くく》り方にお母さんも人間としての素養が鍛えられるのです。

ただし、双子さんがもし小学校を受験する場合。

学力試験は2人とも合格したが、抽選で1人が不合格になってしまったとき、あるいは学力試験で一人が不合格のとき、合格した子が入学しないのはもったいないと思いがちですけど、ここは2人とも通える小学校へ行くほうがいいと思います。バラバラにすると、不合格だった子が傷つきますから。小学校はどこに行っても、大差はありません。エスカレーター式の学校で上の学校に行ける小学校だとしても、2人のまだ小さな子どもの心を大切に考えるほうがいいと思います。

大切なのは、小さいときに心の傷をいかに残さないようにするかということ。

お子さんの表情や態度をよく観察して、お子さんが傷つかないように心をくだいていただきたいと思います。

28

A <<< Q

個性がバラバラの3人を、同じ習い事で高いレベルまで持っていくには?

お稽古事は、楽しくできれば十分。

Q

5歳、3歳、0歳の三兄弟がおります。個性がバラバラの3人に、同じ習い事で、全員を高いレベルまで持っていくための、コツや注意点を教えてください。
(東京都・30代)

A

小さいうちは、個性を考える必要はありません。その子の今現在の個性が後々の個性かどうかもわからないので、それぞれの個性より、お母さんがどうしたいかを考えましょう。

お稽古事は、楽しくできれば十分。なかなか高いレベルにはいきませんし、もしプロになれそうなほど才能があったら、そのとき考えたらいいと思います。

私が4人の子どもたちに同じ習い事をさせたのは、バラバラでは連れて行けなかったからです。娘は体が柔らかいので、できれば新体操をさせたいと思っていましたが、娘だけ連れて行くと、その間家に私がいないことになりますので、他の3人のことを考えるとそれは避けたいと思いました。

まず、3人の個性などはまだよくわからないので考える必要はないこと、同じ習い事で教育すると必ず出てくるであろう差の扱いに注意すること、そのとき決して比べるような言葉を口にしないこと（年の差があまり違わないと下の子が上の子を追い越したりするので要注意）、全員を高いレベルに持っていこうなんて野望は捨てること、基本的にお稽古事は楽しくいい思い出になるようにすること。突出した才能がありそうなら、それ相応の指導者を探してあげてください。

29

A <<< Q

公文の先生が子どもに対して厳しく、子どものことが心配です。

塾や習い事は先生との相性が一番大事。

Q

保育園年長の息子がいます。最近公文に通い始めたのですが、そちらの先生が厳しい指導をされる方のようで、子どもをお迎えに行くとよく怒鳴られている子を目にします。息子はまだ入ったばかりなのでそのように怒られたことはないのですが、今後が少し心配になりました。人柄は悪くなく、熱心な先生だとは思うのですが、子どもに対して怒る教育はどう思われますか？（大阪府・30代）

A

よく子どもを怒鳴る先生の人柄が、いいとは言えないでしょ？　その先生は、厳しさと熱心さを勘違いされていると思いますよ。公文は小さな子どもが多く通う塾なので、そのようなところで子どもを怒鳴るなんて論外だと思います。私は、早く先生をかえたほうがいいと思いますね。公文の**理想的な先生というのは、子どもが「あの先生に会いたい」と思う先生**ですね。それと、公文は教材が決まっていますので、教材の使い方が柔軟な先生がいいと思います。特に未就学児は、性格も月齢も違うと理解の仕方や進み方が全然違います。そこのところを一人一人の子どもをよく見て上手に教材を使っていただかないと、子どもはうまく育ちません。どの子にもマニュアル通りに進める先生の元では、なかなか育たないのですよね。

一度入った手前やめづらいとは思いますが、「他のことが忙しいから」とか「私が具合悪いので」とか適当に理由をつけてやめて、半年くらい経ってから、別の優しい先生のところに行くのがいいと思います。

また、どういう先生なのかは実際に会わないとわからないので、いきなり入会するのではなく、評判などを聞いていくつか見学に行き、実際に先生と話をして決めるのがいいでしょう。

30

A ‹‹‹ Q

娘の習い事のピアノの上達が遅く、続けるかやめるか迷っています。

楽器関係は個人差が出るので気にしないこと。

Q

小1の女の子がいます。年少からピアノをしていますが、上達が遅く、まだ片手でしか弾けません。共働きで練習時間が取れないことも原因かもしれません。本人は続けたがっていますが、年齢が下の子や同学年で娘よりも遅くピアノを習い始めた子が、娘よりも難しい曲を弾いているのを見て、親の私がつらく感じています。続けさせるのがいいか、やめさせるのがいいか迷っています。（愛知県・30代）

A

年少から小1まで3年間やっていて、片手でしか弾けないというのは、指導の仕方に問題があるようにも思います。でも、本人が続けたいと言っているなら、嫌になるまで続けさせてもいいとは思いますが、はじめから、両手で弾かせるところもありますよ。そんなに長い間片手のみというのでは、大した曲にもならないし、楽器というのは曲を自分で弾くのが楽しいのであって、いつまでも片手で苦行のように練習させるのはちょっと……。**私だったら、先生をかえます**ね。このことも、ちょっと考慮に入れてみてください。他のお稽古事のほうが合っているかもしれないですよ。

31

A <<< Q

娘が、言われるまでピアノの練習をしません。

先に好きなことをとことんさせて、合間に練習させる。

Q

スズキメソードの教室でピアノを習っている4歳の娘がおります。習い始めてから1年以上経ちますが、自主性がなく、言われるまでは練習をしません。練習を嫌がることも多く、弾き間違えると泣いたりします。一方、娘はおままごとが大好きで、一人で3時間以上もおままごとに集中できます。小さいうちは好きなことをとことんやらせたほうがいいと聞きますが、自由にさせたら毎日おままごとばかりで、ピアノも勉強もしないのが目に見えています。どうすればピアノを進んで練習するようになるか、アドバイスいただければ幸いです。（千葉県・30代）

A

まだ、4歳ですからね。おままごとをしたいのでしょうねえ。そもそも、4歳の子どもの自主性が、1年以上やったからといって育つわけではないし、言われるまで練習しないのは普通です。

習い事は、楽しくさせるのが鉄則です。嫌がったり泣いたりするのは、お母さんが怒ったりしていませんか？　このままピアノをさせたいのであれば多少進みが遅くてもいいので、まず嫌がらない程度の時間で練習させたらどうでしょうか？

楽器は確かに、長い時間練習すればするほど、はじめは上達はしますからね。お母さんがきちんとさせたいのはわかります。楽器は毎日やらないと腕が落ちるので、時間を決めてやらせることは大切ですが、強制的にやらせるのでは子どもも嫌になってしまいますから、なかなか難しい。楽器は好きな子と嫌いな子に分かれますから、あまり嫌がったら勉強だけにしてもいいかも。基礎学力は必ず必要ですが、ピアノは万人が弾かなければいけないものでもないので、そこのところは気を楽に。おままごともいつまでもするわけではないのですから、とりあえずおままごと優先で、おままごとの合間にピアノをちょこっとする、というのでもいいのではないでしょうか。

うちの場合は、4人のバイオリンの練習を毎日見ることはできなかったので、レッスンのある日にバタバタッと全員が曲を練習して、付け焼き刃で先生のところに行っていました（笑）。全員で帰って来たら『名探偵コナン』がある日なので、途中のコンビニで買ったカレーヌードルを食べながら、みんなで「バイオリン、疲れたね」とか言いながらコナンを見るのはすごく楽しく、その楽しみのためにバイオリンに行っているような感じでもありました。そのためか、誰もバイオリンに行くのは嫌だと言ったことがないのです。

プールにしても、一人が風邪をひくと、その子だけを家に置いていけないので、全員お休みにするというように結構ゆるーくやっていました。

プロを目指しているのでなければ、お稽古事はゆるーく、楽しくさせることが続ける秘訣だと思います。

［家族の悩み編］

32

A ‹‹‹ Q

夫が家事・育児の大変さを理解してくれません。

夫は他人。「夫は壁紙」だと思ってスルーし、自分のペースで生きましょう。

Q

1歳の息子の母親をしております。家事と育児の両立ができず、ついイライラして主人に当たったり、子どもに優しくできなくなったりしています。主人は気が向いたときだけ家事・育児に協力するので、大変さを理解していません。「今はパスタが食べたいんだ」などと言って主人は食べたいものを自分で作り、私が忙しい中で作ったものは食べてもらえないということが多く、ストレスがたまっていたので、もう諦めて主人のご飯は余裕のあるときだけ用意するようにしていました。するとご飯が食べたい気分のときは「米すら炊いてない」とか、食べたいものが特にないときは「何も作ってない」とか、「よその奥さんは朝食を作っている」などと言われたりします。佐藤ママのご主人は理解のある方ですか？どんなふうに主人と向き合えばストレスが少なくなるか、アドバイスください。（山口県・30代）

A

私も、ご質問を読んでイラッとしました。これは、確かに腹が立ちますよね。さぞかし毎日ストレスをためていらっしゃることだと思います。もう、このような夫は放っておきましょう。おそらく、このまま年齢を重ねていっても、この性格が変わることはないと思いますよ。こちらがストレスをためないような受け止め方をするしかないです。まず、家事と育児の両立は、この世にはないと思ってください。**家事と育児のどっちを優先するかというと、当然、育児ですよね。**ご主人が「よその奥さんは、朝食を作ってる」には、「それはそれは、立派な奥さんですね」と返し、「米すら炊いてない」と言うのには、「そうだね」と、〈堂々と〉返してください。こちらは何も悪くはないのだから、ご主人に少しずつマウントをとる気持ちでいきましょう。決して落ち込んだりキレたりしてはいけません。そうなると、相手の思うツボですので。イライラして子どもに当たるのは、お母さんが反省してください。何の罪もない子に当たるのは、母親としてやってはいけないことです。家事がうまい具合に進まないからというのは、子どもには何の関係もないことでしょ?

ご主人に合わせようとすると、ストレスがたまるだけ。そんなことでストレスをためるのは損です。**夫は、ただそこに存在するだけの「壁紙」だと思って、不愉快なことはすべてスルーし、自分のペースで生きることです。**まあ、家の中だけではなく、どんな場所にもこのような性格の人はいますので、子育て中に出会うママ友とか仕事先の同僚とかがこのような人であっても、対処の仕方や気の持ち方など応用がききます。世の中、人間関係が一番面倒くさいので。〈夫〉をそのような状態を乗り切る練習材料として使いましょうよ。

そもそも〈夫〉というのは他人ですから。生まれも育ちも違うわけですから、夫に変わってほしいと期待したり、夫を変えようと思うのは諦めたほうがいいですよ。その代わり、子どもをしっかりと育てましょう。

ちなみに、うちの主人はお箸一本、洗わない人です。たとえじゃなくて、本当にお箸一本も、洗わないのです。でも、私が子育ての間、シンクに山のように汚れた食器がたまっていても何も言わず、食事の用意をしていなくても何も言いませんでした。そこのところは、まだマシかもしれませんが、私が自ら動くことを暗に待っている姿は見ていて、ずるいなと思ったし、腹は立ちましたよ。たまには、台所に立って洗ってもバチは当たらないと思うのですけどね。決して洗おうともせず、それは他の掃除、洗濯などにも同じ態度でしたので、夫は〈そもそも他人〉〈そこにあるだけで何もしない壁紙〉とよく心の中で唱えていました。

衣替えのとき、主人の靴下だけ入れ替えるのを忘れたことがあって、8月の終わりぐらいに、「ママ、なんかね、靴下が暑いんだけど」とか言われたことがありました。私は今更入れ替えるのは面倒なので、「お父さん、また冬が来るからね、そのままで大丈夫」と返したりしましたが、主人は「え〜」と言ったきり。そのようなとき、私を責めたりはしない人なのです。そこは楽でしたね。

でも、やっぱり死ぬほど腹が立つことはあるので、そんなときは、「夫の老後の幸せは私が握ってる」と思って溜飲を下げています。

33

A <<< Q

夫が東大出身で、私は高卒で学歴で劣っているので、教育方針について反論できません。

学歴は関係ありません。教育方針はお父さんに気兼ねせずに考えましょう。

Q

主人が東大出身です。私は高卒で学歴では劣っているので、主人の子どもの教育方針について反論できません。主人は教育熱心なのですが、子どもが主人に対して反抗期でもあるため、どうしていいのかわからなくなってしまいました。主人は自分の成功体験があるので、とにかく勉強というスタンスです。子どもは主人とは全く違う道を選びそうな性格です。佐藤さんのお子さんは、どうして皆さん揃いも揃って東大を志望されたのでしょうか？　他の道を考えなかったのが不思議でしょうがないです。（兵庫県・40代）

A

うちの子が「他の道を考えなかったのが不思議」と、ありますが、その意図がよくわかりません。一体どの道を考えたら不思議ではないのですか？　うちの子は、周りの環境と自分の成績で大学を決めただけで、それがたまたま同じだったというだけです。

ご主人が教育熱心ということは、悪いことではないですよね。いろいろと、勉強のやり方を聞くのもいいのでは？

お子さんが「主人とは、まったく違う道を選びそうな性格」とありますが、ご主人と同じ道を選んでほしいのでしょうか？　違う道を選んでもまったく問題はないと、私は思いますが。ご主人は成功体験があるかもしれないけど、昔のことなので、今の子どもに合わせて子育てを考えなければならないと思います。

お子さんがご主人に対して反抗的なら、お父さん抜きでお母さんとお子さんとで、中学校受験でどこに行きたいか、といった具体的な話をしたらいいと思います。今、何をしなくちゃいけないかを考え、情報を集め、受験に臨むようにしてください。

34

Q

上から目線の夫の性格が、息子に遺伝しないか心配です。

A

ご主人の性格が子どもに遺伝することは心配しなくてもいいと思いますが、子どもはお父さんの言動は見ていますから、気をつける必要はあります。

Q

基礎学力が大切なのは重々承知していますが、それ以前の「人として」「思いやり」のような部分について何か気をつけたり工夫されていましたか？　恥ずかしながら夫は東大卒ですが上から目線で世間を小馬鹿にしたり、自分だけがいつも正しいような態度です。子育てにも大変熱心ですが、息子にこのような性格が遺伝しないためにはどうしたらよいでしょうか？（東京都・40代）

A

「人として」とか「思いやり」ということを、教えることは難しいのです。このようなことは、本や新聞に載っている記事を読んだり、実際の経験から感じ取りながら自ら学んでいくものなのです。まず、**お母さんができることは、基礎学力をつけてあげて、どのようなことに対しても真っ当な判断ができる子どもにすること**です。そうすれば、お父さんの上から目線の態度や自分だけがいつも正しいと思う考え方は、おかしいと子どもが自分で気がつきます。まあ、お父さんは反面教師ということでしょうか。

でも、**お母さんはお父さんの悪口は言わないでください。**それは、子どもにとっては、やはり大事なお父さんなので、悪口は聞きたくないと思います。お父さんの性格は、ご自分で気がつかない限りは直らないでしょう。そのような感じでは、仕事上でも随分と損をしていらっしゃると思いますけどね。お母さんは、腹が立つこともあるかと思いますが、すべてスルーしましょう。お子さんに基礎学力をつけることに全力を傾けてください。それで、解決します。

基礎学力を身につけていく過程で、「人として」「思いやり」といったものも自然と育まれていきますから。

35

A ⋘ Q

義理の両親が、子どもの教育方針に口を出してきます。

子どもの責任を取るのは、親である自分。自分の方針をちゃんと具体的に説明してください。

Q

私は、義理のお義父さん、お義母さんと様々なことで考え方が合わず、帰省が本当に苦痛です。佐藤さんは、お子様の教育方針等に口出しされたりはしませんでしたか？（福岡県・30代）

A

私の場合、大分と奈良と離れていたこともあり、そこまで義理の両親の意見を聞くこともありませんでした。でも、主人には電話でいろいろ言っていた節はありますね。何か私のしていることが気に食わなかったのでしょう。でも、子どもの将来を責任を持って育てられるのは私しかいないので、そのような意見は雑音として捉えていました。そもそも義理のお父さん、お母さんとは基本的に他人ですよね。世代も違うし、意見が合うほうが不思議なくらいですから、放っておきましょう。自分の親ともなかなか意見が合わないこともあるのに、赤の他人の義理のお父さんやお母さんとは合わないのは当たり前と腹をくくることです。

もし教育方針であれこれ口出しされたときは、「子どもの将来に責任を持って育てているのは私なのですから、口は出さないでください」と、一度膝詰めで話し合って、はっきり言うべきだと思います。そのときに**大事なのは、「私はこういう方針です」と、ちゃんと具体的に言葉で説明できること**です。ちゃんと自ら説明できないと、相手も納得できませんからね。基本的には、孫可愛さに思わず口を挟《はさ》んでいるのですから。

私の場合、私が熱心にすることについて何か特に言われたことはありませんが、だからといって全く嫌な思いをしなかったわけでもありません。合わないなと思ったときは〈そもそも論〉で「まあ、そもそも他人だしな」と諦めて、表面上は仲良くしていました。

第2章

12歳までに勉強の習慣を身につける

36

A <<< Q

字が汚く、注意しても改善されません。

間違いやすい字を1個ずつゆっくりと大きな字で書かせましょう。

Q

小学5年生の男の子の母です。佐藤さんがお子さんの筆圧を直されたお話は、驚きました。息子は字が汚い（特に数字）、姿勢が悪い、消しゴムできちんと消さない……癖をあげるときりがありません。字が汚いことでミスをしてしまったり痛い目にはあっていますし、逐一注意をしていますが、なかなか改善されません。悪い「癖」を直すには、どのようなことをやっていけばよいのでしょうか。今まで試したのは、椅子を替える、勉強を始める前に忠告する、逐一注意をする、きれいな字のときはほめる、消しゴムの種類を替える、などです。（栃木県・40代）

A

「忠告する」「注意をする」「ほめる」とご質問の中にありましたが、この3つは残念ながら効果はありません。癖というのは、しぶとくて怖いんです。

私が三男の筆圧を直したのは、小学6年の4〜5月です。筆圧が強いので、字が濃く、なかなかきれいに消すことができず、自分の字で計算を間違えていました。でも、この筆圧は時間を測って過去問をたくさんさせているうちに、少しずつよくなってきました。

小6のときに字が汚くて点数を落としていたのは、次男です。次男が字の書き方がいい加減すぎて、6とか8とか0をちゃんと書かないので、0が6に見えたり、6と8の区別がつかなかったりして点数を落としていました。それはもったいないということで、小学校1年生が使う、マス目が大きいノートを何冊も買ってきて、テストや宿題で汚く書いて減点になった文字をそのノートに10回ずつ書かせました。汚く書いたペナルティーです。本人は「何で小学校6年にもなって、いまさら字の練習やるの?」とブツブツ文句を言っていました。それでも、しつこく書かせていたらさすがに嫌になったらしく、かなりきれいにまともな字を書くようになりました。

癖は怒ったからといって、直るものではありません。小5ということですから、なかなか直らないというのを前提に、宿題する前に**一番ひどい字から順番に、1個ずつ大きな字で書かせていく**のもいいと思います。大きく書いたら間違えようがないので、1回につき10回ずつ、ゆっくり書かせましょう。

消しゴムは、私もいろいろ試しました。きれいに消さないと前の字が残って、上に書いた字と重なって間違いの原因になったりするけど、きれいに消せたらきれいに書きたくなるらしいから不思議です。消しゴムも好みがありますから、10種類くらい買ってきて、本人に使いやすいものを選ばせていました。

鉛筆を持つときの補助道具も、うちでは一人につき10個ずつ買っていました。1個の補助道具を差しても、それを使わなければ意味がないので、使えそうなのは全部に差し込んで、使わせていたのです。そうすることで「あ、鉛筆をちゃんと持たないとな」という意識にはなります。

口で言って直れば、そんなに楽なことはありません。癖はなかなか直せないことを理解したうえで、子どもに実際に練習させたり、道具を替えるなど具体的な対策をとって、テストのときに間違えないように直してあげてください。

37

A <<< Q

漢字ドリルや問題集をやりたがりません。

教材に振り回されず、子どもができる量をお母さんが調整する。

Q

小学校2年生の男の子がいます。公文の宿題は期限があるのでなんとかやりますが、学校の復習のために、漢字ドリルや市販の問題集をやろうと話しても嫌がって、「あとでやる」「夕食後にやる」などと言ってなかなか進みません。夏休みで時間もありますし、午前中はここまでやろうとスケジュールを立てても、休憩したいだの、先にパン作りをやりたいだのと言って進みません。佐藤さんのお子さんは「やりたくない」と言うことはありませんでしたか？　進学塾の浜学園は宿題がたくさんあるみたいですが、どうでしたか？（愛知県・40代）

A

小学2年で、公文、漢字ドリル、市販の問題集というのは、少し量が多すぎるのではないでしょうか。小2だったら、まず学校の宿題を優先し、時間がありそうだなと思ったら、公文のプリントを1枚だけ挟むとか、それぐらいで十分だと思います。

公文の先生は期限を守るように言いますが、毎日決まった枚数をきっちりやることは大変です。期限も厳格に守らなくてもいいと私は思いますよ。**大切なのはお母さんが教材に振り回されないようにすること。**最初は1枚しかできないけど、夏休みにたくさんしたらいいやというように、子どものペースに合わせて無理のないように教材を使いこなしていけばいいと思います。

「あとでやる、夕食後にやる、休憩したい、パン作りを」といろいろ言い逃れをするのは、公文の宿題で疲れ切っているからではないでしょうか。少し、枚数が多いのかも。やる枚数を半分以下に減らしてみてはいかがですか？

私の場合は、**「やりたくない」と言いそうな枚数の8割くらいをさせる**ことにしていました。毎日毎日目一杯頑張らせると続かないのです。〈ほそーく、ながーく〉続けることが学力をつけるコツなのです。

例えば、10枚できそうなときも8枚に抑えていました。余力を残しておけば、子どもも「明日またやろうかな」と思えるからです。逆に10枚できそうなときに欲張って11枚とか12枚出すと、「もう明日は見たくない」となってしまう。子どもの気持ちを大事にして、無理のないよう調整してあげてほしいと思います。

小学2年の夏休みは、我が家も2時間くらいしか勉強せず、あとは全部遊ばせていました。お子さんがパン作りをしたいと言ったら、作ったらいいと思います。例えば、パンのレシピ本を買って、1ページ目から全部作っていったらいろいろなパンができて、子どももすごく満足します。中高生になるともっと忙しくなりますから、小学3年生くらいまでは、パン作りなどを積極的に楽しくさせたらいいと思いますよ。

浜学園の宿題は本当にたくさんあり、1日で全部させようと思ったらもうヘトヘトになるので、宿題は3分割にして、今日は算数を3分の1と理科を3分の1、明日は算数3分の1と国語3分の1というようにやらせていました。

その日やることが量で見えると子どももやる気が出るのですよね。塾に楽しく行くためには、宿題をすべてすませることが、不可欠なのです。

38

A <<< Q

算数の文章問題が苦手で、繰り返しやっても自力で解けません。

解き方を、子どもの口でお母さんに説明させる。

Q

4年生の子どものいる母です。1年生から公文式の算数・国語を習わせ、3年生2月から進学塾に通わせ始めました。通塾するようになり、公文式にはない算数の文章題で、問題の意味を理解するのが苦手なのだと気づきました。単元によっては、塾の授業を理解できず帰ってくることもあります（例：数列）。家で説明すると「わかった！」と言うのですが、解法を隠すとまた自力ではできません。塾に相談すると、「スパイラルで何度もやりますから、大丈夫」的に言われるのですが、今後消化できていない単元が積み重なっていくかと思うと不安です。

（神奈川県・30代）

A

算数の文章題が苦手という話はよく聞きますが、文章題は慣れるしかありません。でも文章題が苦手な場合、算数が苦手というより国語の読解力が足りず、問題の文章自体が理解できていないことがあります。子どもは、文を妙なところで区切って読んでいて、勝手にわからなくなっているときもあるのです。

数列などが理解できていない点ですが、これはたくさんやって慣れるしかないようです。授業を聞いてわかったつもりになるのは、子どものアルアルなのです。誰でも説明を聞けば「わかった」つもりになります。自力でできないのは、なぜそうやって解くのかを理解していないからだと思います。

解き方の理解であいまいな部分があると、必ずわからなくなります。なぜそのような解き方をするのかがわからないまま何度繰り返しても、上滑りになるだけです。スパイラルで何度もやるからといっても、スパイラルは次に進んだときにレベルが上がっているので、余計にわからなくなってしまう恐れがあります。

子どもが「わかった」と言ったら、今度はお母さんが「じゃあ、説明して」と、子どもの口から説明させるようにしましょう。そうすれば本当に「わかった」のかどうかがわかりますから。

39

A <<< Q

小1の娘は算数が好きなのですが、母親に教えてもらったり、注意されるのが気に入らないようです。

しばらくは、一人でやらせておいたらいいと思います。

Q

小学校1年生になった娘は算数が好きで、学校で習う前に、家にある問題集を自らどんどん解いています。ただ、わからないことを教えてもらったり、ミスを注意されるのが気に入りません。まだ学校でも習っていないのだから、わからないなら私の説明を聞いてやってみればいいと思うのですが、話を聞こうとせず、勝手に適当にやって、間違えると癇癪《かんしゃく》を起こします。こういう場合は、どう導けばいいのでしょうか。ミスについては、「間違えたら、今よりも頭がよくなるチャンスだよ。やり直して解き方がわかれば、今よりも頭がよくなっているでしょ

う」と娘に言っています。（愛知県・40代）

A

娘さんが算数が好きで、習う前に家にある問題集を自らどんどん解いているのなら、それを見守ってあげればいいと思います。間違えると癇癪を起こすというのも、放っておいたらいいですよ。間違ったところを、尋ねてくるのを待ちましょう。

説明を聞くのを嫌がるなら、「今より頭がよくなるチャンス」といった教訓めいたことは言わずに、「あ、間違えたね」くらいで終わらせておけばいいんじゃないでしょうか。

娘さんはまだ小1ということですから、もっと長いスパンで見てあげたらいいと思います。お母さんは今のうちにと思って教えようとするかもしれませんが、子どもは日々成長します。**「いつかはできるよね」みたいな感じでかまえてあげてください。**

40

A <<< Q

先取り学習の途中でつまずいてしまいました。スラスラ解ける問題をしつこくやると飽きるので、とりあえず前へ進む。

Q

小1の娘がいます。先取りをしようと、算数と国語で行なっていますが、難しいようで、途中でつまずいてしまいました。今は、またスラスラ解ける問題までレベルを落として取り組んでいます。つまずきがある箇所については、7割解けるレベルですが、本人はやりたくないようです。この場合、スラスラ解ける問題に取り組み、本人がやりたくなるまで待ったほうがいいでしょうか？　それとも先へ進んだほうがいいでしょうか？（愛知県・30代）

A

スラスラ解ける問題を何度もやるのは、小1なので飽きて嫌になるでしょうね。子どもにとって飽きると、途端にやる気をなくしてしまいますので、飽きない工夫が必要です。例えば、**スラスラできるプリントを2枚やらせて、そのあとに、難しいプリントを1枚挟む。**次にスラスラできるのを1枚、次に難しいのを2枚、というように変化をつけて、するといいと思います。

足踏みをしているようでじれったく感じるかもしれませんが、スラスラ解ける問題でも、やっていればそれなりに実力はつくものです。やっているうちにスラスラ度が上がり、サーッとできるようになると、さすがに子どもも飽きてきて、自分から次に進みたいと思うんじゃないでしょうか。本人には、先に進んでいると感じさせるようにしてくださいね。

飽きるほどやったことで確実に実力はついているので、以前につまずいていた問題も案外解けるようになっているものです。

41

A ‹‹‹ Q

浜学園に通っています。小学4年生になり、理科の暗記ができず困っています。

花や虫など本物を見せてあげましょう。

Q

小4の息子がいます。小2から浜学園に通い3月まではVクラスにいましたが、4年生になってから、うまく成績が伸びずSクラスになりました。4年生になり理科もついていけず、暗記ができず困っています。親ができることならなんでもしたいと思っています。今がスランプと思っていいのかわかりませんが、主人が子どもの教育に熱心で、ほとんどつきっきりで勉強を見ています。今後どうしたらいいのかわからず、途方に暮れている状態です。（大阪府・30代）

A

浜学園は上からV（ブイクラス）、S（エスクラス）、H（ハイクラス）と分かれています。浜学園は、小4から授業の内容が本格的に難しくなるのです。4年生になると人数も増え、クラス分けも厳しくなりますね。しっかり授業を受けて、宿題をすませて、復習テストで点を取り、月に一度ある公開学力テストでそれなりの偏差値をとると、クラスは上がります。4年生の理科についていけないとのことですが、4年生の理科は暗記が多いので、実は点数が取りやすいのです。5年6年となると、計算などが入ってきてもっと難しくなりますから、4年のときに理科の点数はしっかり取っておいて、5年に進級してほしいと思います。とにかく暗記が多いので、ひたすら覚えることです。テキストのイラストだけでは覚えにくいので、本物を見る回数を増やしましょう。**草花、虫、星、地層など、本物を見ると忘れません**から。これは、お父さんとお母さんの出番ですね。

勉強をほとんどご主人がつきっきりで見ているということですが、親がつきっきりで見ていると、子どもは家に帰って親が教えてくれると安心して、授業をしっかり聞かなくなるという話をよく聞きます。

お父さんが何でも教えてくれるという安心感から、お子さんが自主的に授業に取り組まなくなっているという可能性も考えられるので、お父さんの関わり度合いを少し考えたほうがいいかもしれませんね。宿題をそばにいて手伝う程度にして、様子を見るのもいいのではないでしょうか。

また、理科に関しては、浜学園では小4から入ってくる教科ですし、まだ慣れていないから暗記できないだけのことかも。実物と図鑑などを利用して、楽しく知識を増やしてくださいね。

42

A <<< Q

小学3年生になって、漢字を間違えるようになりました。

大きく書かせて、書き順や点の位置をしっかり覚えさせましょう。

Q

小学3年生になって、漢字を間違えるようになりました。漢字の勉強法について教えてください。（福岡県・40代）

A

小3になって漢字を間違えるようになったのは、習う漢字が難しくなったからでしょう。一回間違って覚えると直しにくいので、最初にきちっと書き順や点の位置などを覚えるのが大事です。大きく書かせて、しっかり覚えさせてあげてください。**新出漢字のときは、必ず書き順をチェックしてください。**

43

A <<< Q

小3の娘の記憶力を鍛えるためにはどうしたらいいでしょうか。

暗記させるのではなく、何回も見ちゃった、だから覚えちゃった、と思わせる工夫をする。

Q

小学3年の娘がおります。記憶力を鍛えるには、具体的にどのようなトレーニングをすればよいでしょうか。（茨城県・40代）

A

記憶力そのものを鍛えるのは、トランプの神経衰弱のような遊び、百人一首、俳句カードなどもありますので、そのようなものを使って遊び感覚で鍛えるのがいいと思います。勉強の内容は、すべて暗記するぞ！　と暗記しても使わないことが多いので、すぐ忘れてしまうのですよね。だから、〈暗記する〉ではなく

〈見慣れる〉ことで自然に覚えられるように工夫するといいですよ。英単語でも世界史の年号でも、子どもがどうしても覚えられないものがあるときは、それを書いた紙を家中に30枚ぐらい貼るのも効果的です。

もちろん小さい紙に書いては目にとまりませんから、**一つの事柄をA4サイズの紙一枚を使って、大きな字で書きます。マジックも赤や紫や緑などいろいろな色を使い、見た目にバリエーションをつけます。**「あれは紫で、こっちは赤」と、色で覚えられます。

いつも耳に入ってくる曲は自然と覚えてしまうように、常に目にしていれば自然と覚えてしまうもの。書くときは、色を多種類使うこと。また、口に出して覚えるとか、歩きながら覚えるとか工夫すること。「覚えなくちゃいけない」と思わせるのではなく、「いつの間にか覚えちゃった」みたいな感じにもっていくのが大事です。

44

A <<< Q

娘は作文が苦手で、私が出した例をほぼそのまま書いて、私が書いたような作文になってしまいます。

今のところ、それでいいのでは。親の言葉で子どもは育ちますから。

Q

私の娘は作文の課題が苦手で、私がいろいろと質問をしたりして、読書の感想や考えなどを引き出して手助けをするのですが、それさえも苦手なようで、私がいくつか例を出すと、ほぼそのまま書いてしまい、私が書いたような作文になってしまいます。

今はそうでも、これから少しずつ自分の考えや気持ちを書いていけるようにしたいのですが、どのように導けばいいでしょうか？　娘は作文は苦手ですが、読書や書くことは大好きです。図書館でたくさんの本を借りてきて自分でよく読みますし、自分でお話を作ったり、私や主人に手紙を書いたりするのも好きです。

(愛知県・40代)

A

お母さんが作文の手助けをして、お母さんが書いたような作文になってしまうというお悩みですが、「作文ってこう書くんだ」ということがわかるのだから、それはそれでいいと思います。

「自分の言葉」といっても、子どもの中から自然に言葉がわきあがってくるわけではありません。お母さんがかけている言葉が子どもの中に入っていき、それが子ども自身の言葉になっていくんです。**お母さん自身の言語をレベルアップすることが、子どもの言語レベルを上げることにつながるのです。**

お子さんは図書館でたくさんの本を借りてよく読んでいるということですし、お話を作ったり、手紙を書いたりするのも好きということですから、何の心配もいらないと思いますよ。

45

A <<< Q

塾と学校の宿題、どのようなバランスがいいですか？

塾の宿題をメインに、学校の宿題はお母さんも手伝って。

Q

浜学園に通っている小5の子どもがおりますが、普段の学校の宿題がとにかく多く悩んでいます。急いで仕上げても1時間以上はかかります。塾と学校の宿題、どのようなバランスがいいとお考えでしょうか？（大阪府・40代）

A

小5だったら、まず塾の宿題をやって、**学校の宿題はお母さんができるだけお手伝いしてあげてください。**

うちでは、学校の宿題で、例えば新出漢字を何回も書かせるといったことは本人にやらせましたが、新出漢字を使った熟語を辞書で10個調べなさいという宿題なら、すごく時間がかかるので私が横で辞書を全部引いて、それを書かせていました。

塾と学校の宿題のバランスについては、小学5年生であれば、塾が9で学校が1くらい。学校の宿題も実力をつけることに役立ちそうなものは子どもにさせて、そうじゃないものは、お母さんがお手伝いしてあげてください。

46

A <<< Q

小3の息子は他の子と比べると計算が遅く、公文や百マスも嫌がります。

基本に立ち返って、一桁の足し算を瞬時に答えられるように鍛え直す。

Q

小3男子一人っ子がいます。最難関中学受験希望ですが、他のトップ層の子と比べると計算がかなり遅いです。家庭でも、公文や百マスなど難易度を下げ反復練習をして速度アップに取り組もうとしましたが、本人が嫌がり断念。どんなふうに取り組むのがいいでしょうか。（愛知県・30代）

A

計算を速くするには、一桁《けた》の足し算が一瞬でわかるようにするのがコツです。

一桁の足し算の答えが一瞬で言えるまで鍛えると、あとはかなり楽にいきます。

お子さんは、公文や百マス計算の形式とかレイアウトなどに飽きたのかもしれませんね。

お母さんが、パソコンや自筆などで、一桁の足し算の練習問題を作ったらどうですか？　Ａ４の紙に一桁の足し算を「１＋４＝　」「６＋８＝　」というように数字はバラバラにして、一枚につき30個書いて、それをまず、１００枚コピーして時間を計って毎日やる。毎日同じ内容のプリントなので、子どもは初めのほうの答えは覚えてしまいます。そうすると、速度がかなりアップします。

同じ問題では意味がないのではと心配されますが、同じ問題だからいいのですよ。だって、子どもは毎日やるのですから、同じほうが安心感を持てるのです。毎日計算の並びが違っていたら緊張するでしょ？　同じ問題を安心して、しかも初めのほうの計算の答えを覚えているから、すぐ書けることに快感なんですよ。やるのが楽しくなるし、どんどん時間は短くなるから達成感が持てるしで、子ども自体が元気になります。あっという間にできるようになったら、問題を替えてみてください。計算は必ず早くなります。

ちょっと、やってみてください！

47

A <<< Q

もし子どもが新大学入学共通テストを受けるならどのようなリサーチを行ないますか？

記述式の問題が増えるのに備え、塾の現代文の講座を取り、読解力の強化に力を入れます。

Q

小学5年生の男の子の母親です。いよいよ大学入試センター試験に替えて、大学入学共通テストが２０２０年度から導入されるようです。何がどう変わるのか。具体的にはどんなことが始まるのか、よくわかっていないのが実情です。

佐藤さんのご長男が小学生になるときに、小学6年間の教科書をチェックしたと書籍にありました。「ゆとり教育」の問題点を自らの行動力で判断し、国という大きな波にのまれることなく突き進んだ佐藤さんに質問です。

もし、佐藤さんのお子さんが新大学入学共通テストを受ける年代であったならどのようなリサーチを行ないますか？（栃木県・40代）

A

大学入学共通テストでは、従来のセンター試験になかった記述式の問題が導入され、知識や技能だけでなく思考力や判断力、表現力がよりいっそう重視されると言われています。

数学や理科の問題であっても問題文が長くなりそうと言われていますので、今以上の国語の読解力が必要になるでしょう。うちの子が今受験生だとしたら、理系専攻であっても、現代文の問題をもう少したくさん解かせると思います。「変わる、変わる」と騒がれていますが、大きく変わってしまうのではなく、今までのセンター試験に読解力が加わるだけですので、そんなに心配する必要はなく、今まで通りの勉強をやりながら、**新聞やテキスト、本などで、活字を速く読むのに慣れておけば大丈夫です。**

48

A <<< Q

英語を「聞く」「話す」の強化は、どうしたらいいでしょうか。

中学までは、学校と授業の予習復習をしっかりし、基礎を固めることが大事。

Q

小学校5年生の男の子の母親です。今では小学校から英語の教科が導入され、大学入試でも読み書き以外の力を試す方向性が示されています。小学生の間は英語教育は必要ないという自分の中での結論は変わっていませんが、中学・高校での英語教育はどのようにすればいいか不安です。学校と塾での授業の予習復習のみでいいのでしょうか。英会話やCD等の教材を使っての「聞く」「話す」の強化が必要なのでしょうか。中学生から英検に挑戦されていた佐藤家では、2次試験の面接対策等はどのようにされていましたか？（栃木県・40代）

A

英語は中学校に入ってから、学校と塾での授業の予習復習をするので十分だと思います。基本的な単語や英文法の仕組みがわかって、そこそこの文章が読めるようにならなければ、聞いてもわからないし、話せません。基礎ができていないのに英会話のCDを聞いても時間の無駄ですから、まずは基本的なことを固めましょう。

英検の面接対策ですが、うちでは過去問集についている面接対策用の問題を使って私が面接官になり練習させました。答えも載っているので、お子さんが英検に挑戦するときに練習してあげたらいいと思います。

ちなみに私が子どもたちに英検を受けさせたのは、**英語を教科としてではなく、言語としてとらえさせたかった**からです。日本人が日本語だけで生きているように、英語だけで生きている人たちがいることを知っていれば、例えば英文を訳すときも、意外と訳がいきいきしてくるんです。

英検の問題はバランスよく作られていますから、「あれ、なんかヒアリングが苦手だ」とか「覚えている単語が少ない」とか、何が苦手かがわかります。もともと英語を楽しむような気持ちで英検を受けさせていたので、不合格でも私は何も言いませんでしたよ。

「聞く」ことについてですが、そもそも読めない、書けない単語は聞き取れないのです。日本にいて、「聞く」ことから英語を学ぶのは効率が悪すぎる。やはり、**〈単語を覚える〉〈英文法をきちんとマスターする〉〈英文を日本語に訳せる〉〈そこそこの長い英文が読める〉**ことを真面目にやっていたら聞けるようになります。最近は、単語を覚えるとき、発音もしないでアクセントも確かめず覚えようとする人がいますが、それは一番ダメなやり方ですから。「話す」は、一番あとになります。考え方は、英作文を作るような感じで話したらいいと思います。ということで、「聞く」は少し意識して学ぶ、「話す」は特にとりたてて強化することはないということですね。

49

A ‹‹‹ Q

子どもと勉強を一緒にしてもダラダラし、怒ってしまいます。

短い時間から始めるのがコツ。毎日勉強する習慣がつけば、そこから時間を少しずつ延ばしていくことができます。

Q

小学1年生の娘がいます。私は、娘に勉強をやる環境を整えたり、勉強を教えるのが下手なようです。勉強を一緒にしても、ダラダラとしたり、なかなか取り組まない娘に怒ってしまい、娘からママとは勉強をしたくないと言われてしまいます。娘には将来困らないように、学習習慣と、読み書き・計算力は身につけさせてあげたいと思っています。ただ、私が力を入れると、ますます娘が勉強嫌いになっている気がします。勉強習慣を身につけさせるには、どのように接したら

A

よいのでしょうか？（愛知県・30代）

　小1で勉強を一緒にしても、ダラダラとしてなかなか取り組めないというのは、普通ですから。最初から「教えるのが下手」などと思うことはありませんよ。

　まず、学習習慣をつけることから始めましょう。**毎日、決まった時間に勉強を始めることにしてください。**毎日、晩ご飯がすんで7時半から始めると決めます。そうしたら、どんなことがあっても必ず7時半から始めます。お母さんが、「今日は早めに台所を片付けたいから勉強は8時からね」とか「今日はお母さんは忙しいので7時15分から始めるよ」などと、日々お母さんの都合でスタートの時間を変えないことがコツなのです。子どもには、7時半に毎日勉強する気持ちの準備をさせることとです。はじめは面倒ですが、慣れてきます。ところが始める時間をコロコロ変えるとやる気がなくなってしまうのです。はじめから長い時間は無理なので、短い時間から始めましょう。小1だと、まず20分くらいから試したらどうでしょうか。2週間は20分、次の2週間が30分、2年生になる頃には50

分くらい座って宿題ができるようになったらいいですよ。

子どもに「やっておいてね」と1人でやらせるのでなく、習慣がつくまでが子どもにとって辛いところでもあるので、お母さんがそばにいてあげてください。1人だと取り掛かるのが面倒なのですが、誰かがいてくれると意外と気が楽なのですよね。

今日が、20分の日でしたら、タイマーを20分にかけておくことです。タイマーが鳴ったら宿題がちょっと残っていても終わらせることもポイントです。少しでも延ばしてあげたりすると、結局はメリハリのない勉強時間になってしまいます。終了時刻を守ると、子どもは決められた時間に急いで終わらせようとしますから。

学習習慣をつけること、読み書き、計算を身につけさせてあげたいのでしたら、ゆっくり少しずつすることです。「ママとしたくない」というのは、やり方が押し付けるようにしているか、時間が長すぎるか、やらせているもののレベルが本人に合っていないか、など理由がありますね。まず、**時間を決める、そばにいる、毎日する、勉強以外は気持ちよく遊ばせる、ということに気をつけてやってみてください。**

50

A <<< Q

夕方6時半から子どもの就寝時間まで、食事の支度や宿題の確認などどうしますか。食事は1時間ぐらいですませ、勉強を見るときは姉妹一緒に。

Q

長女（小4）と次女（小1）の母です。フルタイムで働いており、帰宅は午後6時半。子どもの就寝時間まで3時間弱、毎日がドタバタです。食事の支度、宿題の確認など佐藤さんならこの3時間弱、どのようなタイムスケジュールを組まれますか？　ちなみに、子どもたちは公文へ週2回、スイミング、音楽教室へ週1回ずつ通っています。（静岡県・40代）

A

フルタイムで帰宅時間が、夜の6時半ですか。私がスケジュールを組むならこうするでしょうか。

6時30分〜7時30分　ご飯の用意をして食べさせる。お母さんが用意をしている間、子どもは公文か学校の宿題

7時30分〜8時30分　宿題の確認、公文をさせる。1人見ている間にもう1人は、楽器の練習。

8時30分〜9時　お風呂に入れて、出てから明日の用意をお母さんとして、2人を寝かせる。

と、いう感じでしょうか。お母さんが、仕事から帰って来たときにほんの一息つきたいところですが、そこは我慢して子どもたちが寝たあとに、ゆっくりコーヒーを飲むとかですね。フルタイムのお母さんが、帰宅後の時間を有効に使うには、帰ってすぐ子どものことに取りかかる、ということでしょうか。疲れているかもしれませんが、そこは頑張ってください。勉強や楽器などでやり残したことは、土日にカバーすればいいと思います。

51

A <<< Q

小1の娘が集中して勉強してくれません。
ダラダラ勉強したら子どもは嫌になるので、時間と量を決めてください。

Q

小1の娘がいます。勉強になかなか集中できず、途中で遊び出したりします。ダラダラ勉強すると、かえって悪影響な気がし、早く切り上げるのですが、そうすると、勉強量が少なくなり、勉強の進度が遅くなる気がして心配です。集中して勉強するには、どのような工夫をしたらよいでしょうか？（愛知県・30代）

A

小1の子どもは、「集中しない」のが普通ですから悩まないでください。途中で遊び出したりするのも当たり前ですから、心配はいりません。まずは**小1が**

集中できる時間は30分くらいなので、毎日30分タイマーで勉強させましょう。
時間がきたら途中でも切り上げます。終わっていなかったら、少し休ませてから、また30分タイマーでやらせる。1時間ダラダラ勉強しても身につかないので、細切れの時間で集中させるといいと思います。はじめは、勉強量が少なくなっても、進度が遅くなっても気にせずに、短い時間でもいいので集中する癖をつける練習をしましょう。

〈集中力〉の悩みは多いのですが、**お子さんに集中力をつけさせたいなら、まず好きな遊びに没頭させること**です。

例えば、子どもが積み木をしているとき、お母さんがそばで「遊んだら片付けなさいよ」と言ったら、子どもは集中して遊べないのですよ。

没頭して遊んでいるとき、〈片付け〉という言葉で子どもの遊びの集中力を中断させないでほしいですね。〈片付け〉を常に耳元で囁《ささや》くと、子どもは集中する癖がつかなくなります。後々勉強に集中してほしいと思うのであれば、まずは子どもに好きなことを嫌というほどさせることです。**一つのことに没頭させてはじめて身につく集中力は、勉強でも必ず活かされます。**

52

A <<< Q

仕事もあり、帰宅してからどう効率よく勉強を見てあげられるか悩んでいます。

平日は食後→勉強→入浴、土日にまとめて勉強を見る。

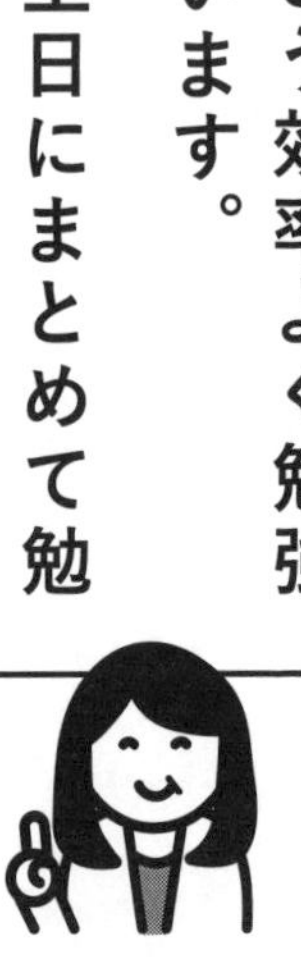

Q

小学1年生と3年生の娘がいます。最近3年生の子がお医者さんになりたいと言い出したため、進学塾へ通い始め、今までしてこなかった自宅での勉強が増えました。親の私は毎日勉強に取り組めるよう声をかけたり準備をしたりするのですが、仕事をしているため、見てやれる時間が圧倒的に少ないと実感しています。子どもは学童に行っており、帰宅は夕方6時過ぎで、食事と入浴を終えて勉強開始はどうしても夜8時になってしまいます。一人で家にいたくないと言うし、自分から勉強をする習慣はついていないので、私の手助けは必要なのですが、どう

すれば効率よく勉強を見てあげられるか悩んでいます。（大阪府・30代）

A

小3ですから、6時過ぎに帰宅して食事と入浴を終えたら、もう疲れて勉強をやりたくないですよ。やはり、学童の時間を有効活用するしかないと思います。子どもと相談して、**学童の時間にすませる教材を、一週間単位で決めておくこと**ですね。ノートに書いて子どもに渡し、子どもはその予定を見ながら学童ですませる。お仕事をされているということなので、6時過ぎにご飯をすぐ食べて、30分勉強をやって、勉強が終わってから入浴するといいのではないでしょうか。お風呂のあとに勉強をするのは大変でしょ？　土日に仕事が休みなら、土日を利用して、平日よりも多く勉強を見てあげるのがいいと思います。

53

A <<< Q

中・高校生でどのような本を与えてきましたか？

日本文学や世界の名作を読み、多面的なものの見方ができるようになってほしいと思いましたが、なかなか本は読まず、私から特には与えなかったです。

Q

小5の男の子の母です。幼い頃から絵本の読み聞かせをしてきました。子どもは本好きになり、図書館で多くの本を読んでいます。そこで質問です。中・高校生になると友人や先輩の影響、自分で好きな作家の本を選ぶのかもしれませんが、ジャンルに偏《かたよ》りが出てしまう気がします。中・高校生ではどのような本を与えてきましたか？　読んでおいたほうがいい名作、傑作などはさりげなく家に置くなどの工夫はされていましたか？（栃木県・40代）

A

子どもたちが読むものに口は出しませんでしたが、**夏目漱石《なつめそうせき》、森鷗外《もりおうがい》、芥川龍之介《あくたがわりゅうのすけ》などの明治・大正の文豪や、ロシア文学など、海外の名作は読んでほしいと思っていました。** 教養としてはもちろん、人生の中で悩みや壁にぶつかったとき答えを探すヒントにもなるからです。また、時代を超えていろいろな物の見方や考え方を教えてくれますしね。

私が14~15歳のとき、『アンナ・カレーニナ』という、愛のない結婚をしたアンナが夫と子どもを置いて若い将校と駆け落ちし、最後は自死するという話を読んで、「真実の愛ってこうだよね」と感動しました。しかし、子どもを産んで30いくつのときまた読む機会があり、そのときは「子どもがいるのにアンナは何考えてるの？　責任がなさすぎ」と思って、自分の見方が変わったことに気づきました。若いときに読んだからこそ、立場が変われば考え方も変わることに気づきましたね。

基本的に私は、本を読む楽しさを知っていれば、ジャンルに偏りがあってもいいと思います。**親が楽しそうに本を読む姿を見せたらいいと思いますよ。**

54

A ‹‹‹ Q

小5の息子が学校から帰ってくると、眠いようで勉強がはかどりません。朝型に切り替えたり、平日にできなかった分を土日にまとめてするのはいかがでしょうか。

Q

小学5年生の男の子の母親です。睡眠時間は8〜8時間半とれているので、睡眠不足というわけではないのでしょうが、学校から帰ってくると眠いようで、机に向かってもあくびばかりしています。仮眠（15分ほどの昼寝）をとったり、保冷剤で首元を冷やしたりといろいろと対策をしていますが、勉強がはかどりません。佐藤さんの自宅はリビングのとなりに寝る部屋があったり、コタツで勉強していたりと眠気を誘う（笑）部屋のようでしたが、お子さんたちはどのように眠気と戦っていたのでしょうか。（栃木県・40代）

A

私は、子どもたちには「眠気とは戦わない。眠かったら机の上でうつぶせになって寝たりしないで、お布団で寝なさい。寝ているのか起きているのかよくわからない状態で勉強しても意味ないからね」と、いつも言っていました。だから、子どもたちが、勉強をやりながらこっくりこっくりしている、という状態は見たことがないのです。

でも、娘だけはお布団に入って寝てしまうと朝まで起きないので、すぐ起きられるように、コタツに入ったままクッションを抱いて寝ていました。何といっても成長期なので、眠いのはしょうがないですよね。**思いっきり寝かせて、起きている時間を有効に使うように工夫することが得策**だと思います。15分の仮眠は大人なら効果的ですが、子どもの場合は足りないかもしれません。眠いと勉強もはかどりませんから、お子さんが6時くらいに帰って来たら夕飯を食べさせて、お風呂に入って、2~3時間寝かせて10時から2時間くらい勉強をさせるか、あるいは朝型に切り替えるか、もしくは平日にできなかった分を土日にまとめてするのはどうでしょうか。

また、机に向かうと眠くなる、勉強がはかどらない、というのは、もしかすると目の前にある勉強が難しすぎてわからないのかもしれません。その場合は、もうちょっと易しい問題集を買ってきて、ウォーミングアップしてから、本題に入るようにするというのも一つのやり方だと思います。

うちは4年生で塾に通い始めましたが、やることが増えたため、眠そうにしているときは疲れをとるために学校を休ませることもありました。睡眠不足は、体に一番良くないので、休んだ日はずっと寝かせていましたね。

55

A <<< Q

小1の娘が平日も土日もダラダラ勉強しているのが気になります。

いつも決まった時間にスタートし、勉強の習慣をつけましょう。

Q

小学1年生の女の子がいます。共働きです。平日も土日も、30分くらい勉強はするのですが、ダラダラと行なっていることが気になっています。佐藤さんの本に、低学年の頃、平日はなかなか勉強できず、土日にまとめてしていることが多かったと書いていらっしゃったと思います。お子様たちは、低学年の頃、土日は、どのくらいの時間、勉強されていましたか？（愛知県・30代）

A

小1だったら、平日30分、土日1時間ぐらいで十分だと思います。

—

うちでは、平日は夕食を終えた7時半から8時までやらせていました。食事のあとはゆっくりしたほうがいいといいますが、子どもに食後ゆっくりさせたら、眠たくなるか遊ぶだけです。だから私はもう子どもがお箸《はし》を置いたらサッと片づけて、すぐ勉強を始めました。

土日も遊びに行く日は別として、家にいるときは2時ぐらいまでは遊ばせておいて、勉強は2時から3時とか4時までと時間を決めてやらせていました。

勉強の習慣をつけるうえで大切なのは、時間を決めることです。いつも決まった時間にスタートすれば、子どもも「やらなきゃいけない」と諦《あきら》めるし、決まった時間に必ず終われば、ゴールが見えて頑張れるからです。

そして子どもというのは、親がちょっとでも手を離したり気を緩《ゆる》めたら、勉強しない生き物です。ある天気のいい日、子どもたちが勉強しているとき、「2階にシーツを干してくるからちょっと待っててね」と40〜50分離れていたことがありました。干し終わって階段を降りる途中で、「おーい、鬼が降りてきたぞ」と小声で言っているのが聞こえてきて、ドアを開けると、みんな机の前に普通に座って勉強しているんです（笑）。私が2階に上がった途端、勉強をやめてみんなで遊んでいたのでしょうね……。子どもたちが20歳くらいのとき、当時の話をすると、ママがいないときは結構悪いことをしていたそうです。子どもたちも適当に息抜きしていたのだと思います。

ダラダラさせないためにはお母さんがそばで見ていてあげることが一番ですね。**子どもが勉強している間は、お母さんもメールがきても見ないし、電話がきても出ないでください。**新聞などは読んでいてもいいので子どものそばに座り、勉強に付き合うことが大事です。

56

A <<< Q

「もっと難しい本を読んでほしい」という気持ちは、親の押し付けですか？
本は自ら読むもの。大好きという気持ちを大事にしてあげてください。

Q

小学5年生の男の子と小学2年生の男の子の母です。幼児の頃から読み聞かせに力を入れてきましたが、低学年図書の『かいけつゾロリ』『忍たま乱太郎』あたりから、難易度が上がりません。『ハリー・ポッター』や『ぼくらの7日間戦争』など、高学年以降の図書も読んでほしいと思うのですが、本を読んでほしいと思う気持ちは、子どもへの押し付けになるのでしょうか？（愛知県・30代）

A

「本を読んでほしい」と思うのは、押し付けになります。本というものは、そもそも、人から強制されて読むものではありません。本人が、**人生を迷ったとき、深く考えたいとき、生きていく方向がわからなくなったときなどに、自ら本を読むもの**なのです。もちろん娯楽のために読んだりすることもありますが、どんな場合も、「この本を読みなさい」と押し付けられたくはないですよね。

お子さんは、『かいけつゾロリ』『忍たま乱太郎』などが好きなのですから、その〈大好き〉という気持ちを大事にしてあげてください。『ハリー・ポッター』などは、読みたくなったら読みますから、大丈夫ですよ。

ちなみに、うちの4人の子どもたちも、たくさん読み聞かせをしたのに、特に読書好きではありません。次男は、何十回と『ハリー・ポッター』を読んでいましたが、ほかの3人は、ちょっと読んだだけでした。

お子さんを、今のまま見守ってあげてくださいね。お母さんも、『かいけつゾロリ』とか『忍たま乱太郎』などを読んで、その話をお子さんと楽しくしてみてください。そのようなことが、子どもには大切なのです。

57

A <<< Q

Q: 小1の娘がもっと友だちと外遊びをしたいと泣いて困っています。

A: 子どもを泣かせるのはよくないので、遊ばせてください。

Q

小学1年生の娘を持つ母親です。お子さんが幼少期、学童期の頃の、お子さんと佐藤ママのタイムスケジュールを詳しく知りたいです。また、お友だちとの外遊びはどの程度させていたかも知りたいです。うちは、学校や習い事の宿題、翌日の準備を終わらせてから5時半まで（1時間程度）を外遊びの時間と決めていますが、近所のお友だちは6時半頃まで遊んでいるので、みんなともっと遊びたいとよく泣いて困っています。下の子もいることや、夕食やお風呂を早くすませて8時頃に寝かせるには、そんなに外遊びに時間を費やせないのが現状です。

（千葉県・30代）

A

私の4番目の子が幼稚園のときの一日のスケジュールです。

午前6時 私（母）が起床、食事の準備をして子どもたちを7時に起こす。
7時30分 全員送り出す。
11時 娘のお迎え。
12時30分 帰宅。午後1時ぐらいまでゆっくりさせて、そこから娘に2時までプリントか何かをさせて、そのあとは遊ばせる。娘が遊んでいる間に、塾の前に息子たちが食べるお弁当を作る。
3時 息子たちの小学校の下校時間に合わせて、娘を車に乗せて、息子たちを迎えに行き、塾の近所で車の中で食べさせて塾に送り出す。
5時〜9時 娘の相手。
9時30分 主人が塾に迎えに行く。
10時頃 帰宅。夕飯を食べて、食後に塾の宿題をさせ、順次お風呂に入れる。
11時頃 子どもたちが次々寝る。

12時30分　私（母）が就寝。

上の3人が浜学園に行っていたとき、「あのときは車の中に住んでたよね」と娘が言うくらい、私も娘も結構ずーっと車に乗っていました（笑）。

外遊びについては、うちは4人とも国立大学の付属幼稚園、小学校だったので、近所に友だちはいませんでした。お友だちの家に遊びに行くとなると、車で送り迎えしなければならなかったので、放課後ギリギリまで学校で遊び、家に帰ってきてからは兄弟で遊んでいました。

お子さんが、もっと遊びたいと言って泣いているということですが、**子どもを泣かせるのはよくありません。**習い事の宿題、翌日の準備を終わらせているのであれば、6時半まで遊ばせて、8時半とか9時に寝かせるようにすればいいんじゃないでしょうか。

58

A <<< Q

小6から思春期&反抗期になり、成績も落ちました。

子どもにとって「便利なママ」として寄り添う。

［子どもの心編］

Q

長女は浜学園に4年生から通っています。6年生から思春期&反抗期になり、私と宿題や勉強をすることに反抗するようになり、成績が落ち、クラスも2つ下がりました。私は子どもに寄り添いたいと思いますが、子どものほうが拒否をします。佐藤さんは、お子さんの思春期や反抗期に悩まれたことはありますか。思春期や反抗期のときの対処法があれば、教えていただきたいです。（大阪府・40代）

A

私の場合は、思春期や反抗期で悩まされたことはまったくありませんでした。長男が小3の頃、まだ弟や妹たちはもっと小さかったのですが、「世の中にはどうやら、反抗期というものがあるらしい。あなたたちもこれから反抗期になって、ママに反抗したくなるときがくるかもしれない。でも、反抗はしてもいいけど、勉強はしなさいよ。反抗期には勉強もしなくていいと勘違いしている子がいるらしいけど、それは間違っている。反抗期と勉強するのは、全く別の話です」と、話したことがあります。思春期に関しては、人間の成長には当然の現象なので、普通に受け止めて、特にどうするということもなしという態度でいようと、前々から決めていました。

ご質問の中の浜学園でクラスが2つも下がるというのは、心配ですね。でも、反抗期だから成績が下がったというよりは、内容が難しくなったからわからないところが多くなって、点数が取れなくなっただけのことだと思います。そのことに本人も悩んでいるのではないでしょうか。そのときに、そばにいるお母さんから、いろいろ言われるのがうっとうしいのかも。お母さんの言い方にも多少問題があるのかもしれませんし、子どもに寄り添いたいと思っても、子どもに拒否されるというのは寄り添い方を変える必要があるのでは。

成績が落ちた原因を反抗期・思春期に求めているだけでは、埒《らち》があきません。それよりも、娘さんが何を理解していないかを具体的にあぶり出すことが先決だと思います。

私は子どもたちにテストの点数についてはあれこれ言わず、進路についても「こうしてほしい」といったことも一切言わず、ただ子どもたちのそばにいていろいろやってあげる**「便利なママ」**として動きました。例えば4人それぞれが「ママ、ちょっとこれやりにくいから、ノート作っておいて」と発注してくるんです。「わかった」と二つ返事ですぐノートを作っていました。

もし、私の子どもたちに反抗期があったとしたら、私は「ただの子どもだ」と思って、まともに相手をせずにやり過ごしたと思います。ただし、どんなに子どもが反抗しても、断固として勉強はさせたでしょう。**勉強と反抗は別のこと、反抗期だからといって勉強しない理由にはならない**からです。

だいたい反抗するときは、成績が悪くて受験が近づくときが多いのです。そういうときは遠巻きに見ていて、勉強をさせるのがいいかもしれません。

59

A <<< Q

小1の娘が、先取りの勉強を理解できないのが悔しいと、泣きながら勉強しています。勉強は苦しんだらダメ。楽しいレベルでやるというのがコツ。

Q

小学校1年生の娘の母です。はまキッズという浜学園のキッズ版の教室に通っています。先取りの勉強内容に本人が辛そうで、勉強が嫌いになってしまわないか心配です。本人も真面目な性格で、理解できないのが悔しいと泣きながら勉強しています。このまま続けさせたほうがいいか、やめさせて公文などに切り替えようか悩んでいます。子どもが先取りの勉強を理解できずに苦しんでいるとき、どうしたらいいか教えてください。（東京都）

A

はまキッズはすごくいい教材を使っています。でも難しいと思うお子さんもいるかもしれませんね。教材を全部理解させようという方針ではなくて、どんどん進んだあとの本人の能力開発が目的ですから、かなり難しいのもあります。だからこの教材は気楽に頑張るのがコツなのです。でも、合う合わないがありますし、もう小1ですので学校の勉強にそった公文にかえるのもいいかもしれませんね。

可能であれば、能力開発ははまキッズで楽しくやって、できなかったらできなくていいことにし、公文できっちりひらがなと計算をやるというのがいいかも。

とにかく**勉強は苦しみながらは続かないので、楽しいレベルで楽に継続というのがコツ**です。楽しくなさそうにしていたら、やり方を変えて楽しく勉強させてあげてください。

60

A <<< Q

テスト本番、緊張して同じ問題で間違えてしまいます。

緊張しているからではなく、準備が足りないから。

Q

テストで悪い点を取っても何も言わないできました。今、5年生です。試験前にできた問題と同じ問題が試験で出て間違えたりします。本人に、「できてたのにね」と聞くと、「テストでは緊張してしまう」と言われました。場数を踏んだほうがいいのかと、試験の回数を増やしたりしていますが、まだ緊張してしまうようです。緊張しないように、準備をしっかりさせても、始まる前からドキドキするらしいのです。私の導き方が間違っているのでしょうか。（大阪府・40代）

A

緊張して点数が取れないということもあるのかもしれませんが、点数が取れないのは基本的には準備やトレーニングが足りないだけの話です。

試験では見たこともない問題も出るし、どう考えてもちんぷんかんぷんな問題もあるし、自分が準備していたのに点数がちゃんと取れないときもあります。

「準備しても、なかなか完璧にはいかない」ということを身をもって経験するのが、場数を踏むということですが、〈勉強と試験〉は、〈練習と試合〉の関係に似ていて、**試合ばかりしても強くはならないのです。**やはり、地道な練習が不可欠なのです。でも、練習ばかりしていても、大きな本番で一発勝負となり勝つのは大変。そこらへんのバランスが大切で、その子によってバランスの割合を変えるのが、指導者の腕の見せ所ですね。

また試験前にできた問題を、試験では間違えたりするということですが、それは根本をわかってないから。**緊張で間違えているんじゃないことを、本人に話してあげてください。**どういう理由で間違えたのか親子で精査して、**次は同じような間違いをしないよう十分準備させることが大切**だと思います。

61

A <<< Q

いじめられている子どもへの声かけは、どうしたらいいですか。

子どもに寄り添って話を聞いてあげ、場合によっては先生に相談しましょう。

Q

早生まれで小柄な長男（小学1年生）は、童顔で性格もおっとりマイペースです。運動神経がよく、勉強も得意なのですが、外見と性格のせいかお友だちからチビとからかわれたり、数人で遊んでいるときに1人だけ敵役や鬼役などにされることが多いです。最近では「僕は小さいから皆にいじわるされるんだ」と萎《い》縮《しゅく》してしまっています。私も常に声をかけてフォローし、息子が身長以外の部分で勝負できるよう一緒に頑張っているのですが、息子がお友だちからいじわるをされたという話を聞くたびに落ち込んでしまいます。声がけの仕方やモチベーションの保ち方など、ぜひアドバイスをいただきたいです。（山形県・30代）

A

まずは、子どもの話を「うん、うん」と聞いてあげてください。でも、子どもはなかなか本当にあったことを話さないものですが。ちょっと、**お友だちのお母さんたちに聞いて情報を集めてもいいと思います。**体もだんだん大きくなるから心配しなくていいよと話しておいてください。やはり、**勉強はしっかりとさせておいてください。点数を取るとか授業がよくわかるということは、本人を守りますので。**先生に話すのもいいのですが、先生が適切に対処してくれるのかはわからないので、先生の資質を見極めてください。先生が下手なまとめ方をすると、物事が悪化することもあります。

いじめの程度が目に余るようなら、先生の耳に入れておくことは大事ですね。

我が家も小学校5年生くらいのときに辞書を捨てられたり、いじめにあったことがありました。いじめが終わったあとに他のお母さんから聞きました。でも、一応先生のところに行って気をつけてもらうように話しました。

いじめの様子がわかり次第、親は速やかに行動することが大事です。

62

A <<< Q

学校であったことを忘れたり、生活習慣も身についていません。

注意するのではなく、お子さんがやらないことはお母さんが全部してあげる。

Q

小2の長男に学校であったことやテストを受けた直後に、どのようなことをした（テストに出た）かを質問しても、「忘れた。わからない」と返答します。すべてを教えてほしいとは思っていませんが、どうやったら、相手に伝える力がつくのでしょうか？　生活習慣のことを毎日、注意してもやらないので、私自身が、「もういい」と切り捨ててしまうと、「自分なんていなくていい」とか「家にいないほうがいいんだ」と卑下《ひげ》し始めてしまうのですが、どうしたらいいのでしょうか？（東京都・40代）

A

まだ小2なのですから、普通ですよ。みんな同じような感じですよ。心配いりません。「忘れた、わからない」といった言葉が返ってくるのは普通です。男の子って特に何も言わないですから、すべてを教えてほしいとか思わないことです。生活習慣について何を毎日注意されているのかわかりませんが、「自分なんかいなくていい」とか「家にいないほうがいいんだ」なんて悲しい言葉を子どもが言うなんて。お母さんの注意の仕方や言い方がよくないのではないですか？

注意するのではなく、一緒にするか、お母さんが全部してあげたらいいではないですか。私は、学校の教科書の整理とか、ノートを出すとか、明日の体育の用意とか、連絡帳を見るとか、全部していました。「ちゃんとやりなさい」と言ったこともありませんし、**特に子どもが小さいうちは、お母さんがしてあげたほうが忘れ物もなく学校へ行けますから、子どもも安心なのです。**お母さんは、子どもの圧倒的な味方でないとね。いずれなんでも自分でするようになりますから大丈夫ですよ。

お母さんがやっているのを見ていれば、いずれ自分でできるようになります。

63

A <<< Q

子どもが、友だちをうまく作ることができません。

1人で遊ぶことを肯定してあげてください。

Q

1年生になった6歳の長男が、自分に自信がないのか、友だちをうまく作ることができません。1人で遊ぶほうが気楽と申しております。どんな言葉がけや接し方をすればよいでしょうか。（神奈川県・40代）

A

お子さんが1人で遊ぶほうが気楽なら、それでいいと思います。私も、めだかの学校みたいに団体で動く必要はないと、いつも子どもに言ってきました。

お母さんは、お子さんに友だちをたくさん作ってほしいと思っているかもしれませんが、本人が楽しそうなら、とりあえずこのままでいいのではありませんか。「友だちと遊んだほうが楽しいよ」といったことは言わなくていいですよ。「一人で何して遊んでるの?」「楽しそうだね」と時々尋ねて、様子は把握しておいてくださいね。**一人で遊ぶことを認めてあげる言葉がけをしてください。**

64

Q 御三家（開成、麻布、武蔵）を目指したいのですが、塾選びはどうしたらいいでしょうか。

A 実績のある中学受験用の塾を選ぶ。

Q

小2の息子がいます。小3から塾へ通わせようと考えています。できれば、御三家を目指したいと思い、5年生までは最寄りの駅近くにある、ある程度実績のある塾に通おうかと思っています。6年生になるときに、そのまま通うか、サピックスへ転塾しようか検討したいと思っています。この方法について、どう思われますか？（東京都・40代）

A

御三家を狙うのであれば、サピックスで仕上げてもらうのでいいと思います。少し遠いということなので、5年生までは最寄り駅の近くにある塾に通って鍛えてもらい、年に2〜3回サピックスの公開模試を受けるようにして、6年生になったらサピックスに転塾するのがいいのではないでしょうか。

つけくわえますと、「駿台・浜学園」も御三家をねらうのにはおすすめです。浜学園の教材は私も子どもたちで10年使いましたが、かなり秀逸です。算数の強化などに通われるのもいいかも（ちなみに、私は浜学園のアドバイザーをしていますので、くわしいのです）。

65

A ‹‹‹ Q

夏期講習をお休みするとき、親子の心構えは？

夏期講習でやる部分が抜け落ちてしまわないよう、家で見直しましょう。

Q

小5年の母です。夏期講習と林間学校が重なってしまいました。特にガッツリ4科重要単元がある2日間です。内心後ろ髪を引かれながらも、学校優先で塾をお休みするつもりですが、親子の心構えと勉強フォローの仕方のお知恵を拝借したいです。（大阪府・40代）

A

学校行事は休んだりするといろいろ面倒なので、林間学校は優先しましょう。しっかりと楽しんできてほしいですね。確かに夏期講習の2日間が抜けるのは痛いけど、なんとか夏休みが終わるまでに、抜けたところを少しずつやることですね。2日間のものを細かく分けて、毎日15分そのための時間を取って、じわじわとすませるという作戦はどうですか？

次男が小4のとき、春の星座の授業を、風邪をひいて休んだことがあります。小5で習うからいいかなと放っておいたのですが、次の小5で習うときは、ちょっと難しくなっていて、結局最後まで天体の分野が苦手なままでした。やはり**抜けたところは、きちんと早めに押さえておくことが必要**です。

66

A <<< Q

小5の娘の偏差値がなかなか上がらず、モチベーションも下がり気味です。

合格ラインを高く見積もりすぎると、子どもの負担が大きくなります。

Q

小5の女の子の母です。中高一貫の学校を受験しようと進学塾に通っています。娘の偏差値がなかなか上がりません。本人も勉強を頑張っているのに、結果が伴わないため、モチベーションも下がり気味です。6年までに合格ラインに届けばいいよと励ましてはいるのですが、勉強の仕方を基礎からやり直したほうがいいのでしょうか？（大阪府・40代）

A

「本人も勉強を頑張っているのに、結果が伴わない」と考えるのは甘いですよ。

頑張れば点数が必ず上がるなんてことはありません。「結果が伴っていない」のは頑張ったことにはならないのです。本人は、机に向かって勉強している様子ですが、内容が伴っていないのだと思います。そういうことであれば、頑張り方が間違っていないか検証しないといけませんね。机の前に座っている時間が長いだけかもしれないし。やり方を見直したほうがいいと思います。

それに、偏差値は急には上がるものではありません。真面目に効果の上がる方法で、2〜3カ月は頑張ってはじめて、少しずつ上がるものなのです。そこの頑張りができないと、なかなか上がらないですよね。一人では大変だし続かないので、やはりお母さんの手助けが必要でしょう。**基礎の部分で抜けているところがないか、親子で探してみて、そこを強化したら偏差値は上がりますよ。**

67

A ‹‹‹ Q

受験をしなくても、中学受験用の塾で勉強させる必要はありますか？

中学受験用の塾では、小学校の内容を徹底させるので、受験しなくても後々中学校や高校の勉強に必ず役に立ちます。

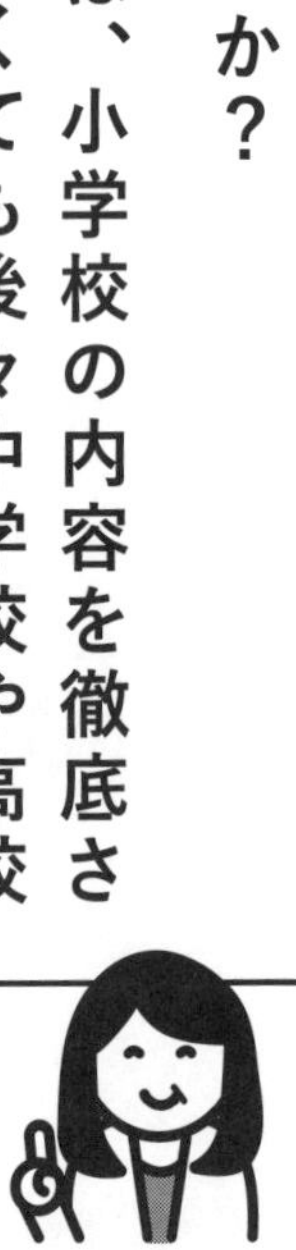

Q

小学5年生の母です。地方在住のため、「私立高校＜県立高校」の環境です。中高一貫校も最近できた県立校、私立校があるのみで、中学受験も一般的な環境ではありません。この地域では、成績上位の子は県内一番の高校から大学を目指すルートです。それでも、最終的には中高一貫校の子たちと大学受験を競うので、地元の中学受験用の塾に通わせています。そこで質問です。中学受験をしなくても、今学んでいることは高校受験、大学受験で役に立つのでしょうか？　中学受験をしない（できる環境ではない）のに、今のこの時期にここまでやらせる必要があるのかと迷うこともあります。塾には楽しく通っていて、宿題もこなせています。成績も上位をキープしているので、塾をやめることは考えていませんし、「学ぶこと」に無駄はないと理解しています。ただ、夫に「受験しないのに、そんなに今、勉強する必要あるの？」と聞かれて何も答えられませんでした。（栃木県・40代）

A

中学受験塾に行っていても中学受験をしない子はいますし、中学受験しても全部失敗して公立中学に行く子もいます。しかし、いろいろ聞いてみると、中学受験塾で勉強したことは、たとえ私立中学に行かなくても役に立つし、実際中学受験を目指して勉強した子どもは、進学した公立の中学ですごくいい成績をとることが多いそうです。小学校の間の勉強はそれほど重要で、小学校で鍛えられた基礎知識があるからこそ中学、高校の勉強がその上に成り立つのです。

たとえお子さんが中学受験をしなくても、後々大学受験をするときには、他県の有名高校や中高一貫校の子たちと全国レベルで競うことになりますから、私立中学を受ける受けないは別として、実力はつけておいたほうが当然いいに決まっています。今勉強していることは必ずあとで役に立ちますので、心配せずにやってほしいと思います。

小学校のときに〈学ぶということ〉〈それを点数に結びつけること〉〈わかったふりをしないこと〉〈何事も丁寧にしなければならないこと〉〈人間はなかなか覚えられないこと〉などを経験として学びます。そのことは、高校受験、大学受験にもきっと生きてきます。

「今そんなに勉強する必要があるの？」と言っているご主人は、おそらく目の前のことしか考えていないのでしょう。学ぶことに無駄はないという自身の考えをぜひ貫いてほしいと思います。

68

Q
塾の予習復習や毎週末のテストなどやることの課題が多すぎて、どう時間を組み立てればいいのかわかりません。

A
細かくスケジュールを立て、予習よりも復習をしっかりやってください。

Q

小6男児の中学受験予定の母です。小学校も2学期となり、1月の受験まで本気で親子での闘いが始まりました。塾のカリキュラム上、まだ6年すべての分野の授業が終わっていない現状です。通常講習の予習復習、毎週末のテスト、9月から始まる志望校対策授業、模試と週6の塾通いのため、自宅での復習が思うように進められません。過去問題を自宅で進めることや、理科・社会の問題集など課題が多すぎて未解決のものがたまっていく一方で悩んでいます。どう時間を組み立てていったらいいでしょうか？（北海道・30代）

A

この時期は、塾のテキストをやるだけで手いっぱいなので、塾のテキストをいかにきちんとして身につけていくかが勝負になります。わからないところを残してあとで見直す余裕はないのが、この時期なのです。いわば、1日でその日のことは消化しなければ間に合いません。過去問は自分でやらないといけないから、スケジュールを立てて、隙間にはめ込んでいく必要があります。

我が家は、長男と次男のときには、過去問は浜学園にお任せでした。最後に、時間配分を考えるために、家で過去問をやっていました。でも、三男のときには、プレッシャーからの不安もあったので、私が三男と一緒に灘の過去問をやることにしました。19年分の過去問を集めて、すべて4部コピーしてクリアファイルに入れておき、すぐできるように準備しました。

塾から帰ってきて塾の宿題をやると11時半になるのですが、三男に「過去問をやりたいので、もう1時間頑張ってみよう」と言って、11時半から12時半まで1時間ずつ毎日過去問を解きました。

過去問をやるとき、一科目50分の問題を本番どおりに時間を計ってやらせる人が多いのですが、中学の先生方が工夫を凝らして作った問題を、宿題が終わったあとの疲れた頭と体で解くのは無理なのです。私は一教科を本番どおり全部やるのではなく、分けました。例えば**6問あったら、理科2問、算数2問、国語2問というように、教科も問題もバラして、それぞれの時間は適当に分けて、1時間でやらせました。**

過去問の丸付けは私がしましたが、国語の記述式の解答は、浜学園の先生に添削をお願いしました。

講習の復習、テストの準備、志望校の対策など、やることはものすごく多いのでかなり細かく綿密なスケジュールが必要ですね。

毎週末のテストは結構大事です。毎週末のテストで点数を取れるように、復習するといいと思います。受験生にとってテストで点を取るということは、実力をつけるという意味でも、メンタルを強くするという意味でも重要ですね。いい結果を胸に、本番に臨む姿勢が、合格を引き寄せます。

69

A <<< Q

中学受験がない場合は、塾を何年生から開始したらよいでしょうか？

中学に入ったら高校受験用の塾できっちりと中3までの数学を仕上げ、英語は公文で。

Q

小1、年少、5カ月児の母です。小1の長男は公文に通い始めて2年が経ち、勉強を苦痛にならない程度に楽しめ、自分の好きな遊びと両立できている様子です。地方在住で県下一の進学校は公立で、将来はその学校を志望校にしたいと考えています。小学校、中学校は我が家の教育方針に合い、伸び伸びと子どもが育つ学校を探して引っ越しをしました。受験は中3と高3のときになります。中学受験がない場合は、塾を何年生から開始したらよいでしょうか？　中学受験のない子どもたちの中学1～2年生、高校1～2年生のときの過ごし方について、アドバイスしていただければ幸いです。子どもの様子を見ながら勉強のさじ加減を

決めてサポートしたいと思いますが、浜学園や鉄緑会が近くになく、塾の活用の仕方に不安があります。（新潟県・30代）

A

地方にいると不安ですよね。でも、近所に浜学園があるからといって、みんながみんな灘に行くわけでもないし、鉄緑会があるからといって、みんなが東大に行くわけでもありません。逆に都会の子は、そうした進学塾があるだけに、追い詰められてしまうという面もあるのです。ないものねだりをしてもしかたないので、お住まいになっている場所でできることをするのがいいと思います。

お子さんは中学受験をしないということですが、中学受験をしなくても、いずれは中高一貫の子と競うことになります。そのときに公立の子が一番後れを取るのが数学です。ただ公立の子の場合、自力で数学を勉強するのは大変なので、学校の授業で高校受験に向けて頑張ってください。中学校に入ったとき、高校受験用の塾できっちりと中3までの数学を仕上げて、高校に入ったら大学受験用の数学を頑張ったらいいと思います。

一方、きちんと進めてほしいのが英語です。中学受験をしない場合、小学校のときは時間があるので、公文の英語や英検などをからめながら、英語をどんどん進めてください。中3のときに高2ぐらいの英語ができるようになっていたら、高校受験にも役に立つし、後々の大学受験にすごく役に立ちます。

高校に入ったら大学受験塾に入ってもいいと思いますが、塾がない場合は、学校のことをしっかりやるのがいいと思います。

70

A <<< Q

小5の息子が、算数のテストで簡単なケアレスミスをしてしまいます。

この世に、ケアレスミスというミスはないと教えてください。点数にならない答えは、ただの〈実力不足〉という認識をさせる。

Q

今5年生の息子が中学受験に向けて頑張っております。算数のテストで、必ず一つは問題文の読み間違いや、数字の読み間違い、簡単な計算を間違えてしまう、といったケアレスミスがあります。ミスノートを作ってみたり、質問の聞かれている部分に線を引かせてみたりしているのですが、なかなか直りません。どういうふうにしていけば、ケアレスミスを減らすことができるでしょうか。（大阪府・30代）

A

「問題文の読み間違い」「数字の読み間違い」「簡単な計算の間違い」は、単なるケアレスミスではありません。明らかな〈実力不足〉なのです。そこのところの認識をはっきりさせることです。そのようなミスをしたときに「ケアレスミスで残念だったね、この問題は点数が取れていたのにね」というような慰《なぐさ》め方は決してしないことです。「ケアレスミス」という言葉を使うと、子どもは、自分は実力があるのにちょっと間違えただけ、と甘く考えてしまうのです。点数にならないミスは、深く反省するべきなのです。だって、他の子は間違えていないのですから。となると、つまらないミスをいつまでもする子から、受験は落ちていくということなのですよ。絶対ミスをしないように、文章に自分なりの印をつけるとか、線を引くとか、工夫することはたくさんありますから、お子さんと相談してください。

他の教科でもそうですが、問題を手渡されたとき、ずっと見ているだけで、手を動かさない子がいます。**二度と読み返さなくていいように印をつけ、文章を自分のものにしないといけません。**

簡単な計算間違いについては、**毎日宿題をする前に、ウォーミングアップと**

して計算の問題を2〜3問させると、計算に慣れて間違いが減っていくと思います。

ケアレスミスをしないように、しっかり見直すように言う人もいますが、実際のテストでは見直す時間なんてありません。チェックしないといけないような計算の仕方はダメ。一発勝負ですから、計算には責任を持って一回で正しい答えを出すことが大切です。

私も子どもが何回も間違う漢字などがあると、ミスノートを作り勉強する間に毎日書かせていました。三男は「飛」の書き順がなかなか覚えられなかったときがあり、毎日勉強する前に書かせていました。お子さんが間違えたら、その間違いに対して絶対に直すぞ、というこだわりを持って向き合ってあげてください。

71

A <<< Q

妻が中学受験にあまり積極的ではありません。

奥さんに強制したりせず、徐々に興味を持たせて上手に巻き込んでいくようにしてみては。

Q

妻に中学受験の経験がないせいか、何度も相談しているのですがあまり積極的ではありません。子どもと接する時間はどうしても妻のほうが多いのですが、私が主体的に管理、リードしてもいいものでしょうか？（大阪府・40代）

A

お父さんからのご相談ですね。これはお父さんが主体的に管理していいと思います。でも、お父さんが主導権を握るとき、問題は、何といってもお父さんが、仕事で家にいないことです。子どもといつも一緒にいるのはお母さんということになるのですよね。そうなると、お母さんにも何かしてもらわないと困りますので、お父さんがすべてスケジュール管理などをして、丸つけやノートの整理、プリントのやり直し、説明会の出席、勉強しているときにそばについておくことなどの仕事を、お母さんに〈発注する〉というスタンスでいくのはどうですか？

計画をお父さんが立てる係、お母さんが実行する係と分けたらいいと思います。

お母さんは、受験に興味がなくても何となく参加している、という感じがお母さん自身にも無理がないと思います。

「今週はこれをやってね」と、奥さんがやらなくちゃいけないことを紙に書いて渡してやってもらう感じです。そのときに気をつけてほしいのが、自分が思っているような進み方をしていなくても、奥さんを責めないことです。一回でも責めたら、もう二度と付き合ってくれませんから。

奥さんが中学受験の経験がないことや、子どもの中学受験に積極的でないことはよく理解したまま、奥さんに徐々に興味を持たせて巻き込んでいくよう工夫していただければと思います。

72

A <<< Q

受験は母親が9割。妻に子どもの教育に関して主導権を持ってほしい。

得意なほうが主導権を握る。

Q

受験は母親が9割。母親にその気がない場合は？　妻は専業主婦で、できれば妻に子どもの教育に関して主導権を持ってもらいたいと思い、夫婦で話し合いを何度もしているのですが、元々の性格なのか、反応や行動はイマイチです。塾や進学に関して情報収集したり、勉強のスケジュールを立てたり、問題集や資料をコピーするのはほぼ私が行なっています。子どもの勉強のサポートはできる限りしたいとは思いますが、このまま私の仕事の合間にサポートするのでは不安です。

（福岡県・30代）

A

浜学園に通っている子どもの親御さんでも、お父さんが勉強のスケジュールを立てているという方は結構多いです。最近は説明会にもお父さんが来ていたりしますし、灘校でも、「うちは主人が大学受験まで全部面倒見てて、私はご飯作っただけ」というお母さんもいました。

人には得手不得手があるので、奥さんが子どもの教育に関心が薄いなら、無理やりさせるのではなく、お父さんが主導権を握って、自分で実行できないことに関しては、奥さんに具体的に「子どもに何時間でこれをさせてね」とお願いするのがいいでしょうね。

奥さんを変えるのは難しいので、お父さんが精一杯やるだけやって、どうしても無理というときに、奥さんにお願いするようにしては。仕事が忙しくて大変とは思いますが、それでも一人でやるよりは楽だと思いますよ。

得意なほうが主導権を握ってうまく乗り切ってください。それにお子さんが合格したら、喜びもひとしおですよね。ぜひそれを楽しみにして頑張ってください。

73

A <<< Q

自分は中学受験の経験がなく、サポートするための視野が狭いです。

経験がなければ、経験者の本などを読み、前もって情報を集め、失敗例に学ぶ。

Q

5年生と3年生の娘がおります。6年生の6月、9月、11月に内部進学試験がありますので、受験生の母です。サポートするための視野が狭いですし、自分は中学受験をしていないので経験値が低く、同じことはできませんが、上のお子様が中学受験生の頃の、佐藤さんの起床から就寝までのスケジュールを、目標のためにお教えください。（大阪府・40代）

A

中学受験をしていないお母さんや、大学受験をしていないお母さんは、別に珍しくありません。経験していなかったら、**経験した人の本を読んだり、情報を集めたらいいと思います。**内部進学とのことなので、普通の中学受験とは少し違うと思います。内部の事情を先輩のお母さん方に聞くのが一番でしょう。

私の１日のスケジュールはさして、参考にはならないと思いますが、１５５ページに書きましたので参考にしていただけたらと思います。

内部進学を経験していないので、はっきりしたことはいえませんが、日頃の勉強をきちんとしておくことは、普通の中学受験の小学生と変わらないのでは。小学校の漢字、計算をはじめとする、国語、算数が大切でしょう。理科や社会があるのでしたら、早めに準備しておくことですね。

74

A <<< Q

中学受験で、志望校はどうやって選ばれましたか？

塾の偏差値で決めました。

Q

小学生の低学年の男女を育てています。中学受験を考えています。佐藤さんの子どもさんたちはどうやって志望校を選ばれましたか？（奈良県・30代）

A

うちの場合、**塾での偏差値から志望校を考えて決めました。**

最初に志望校を考えるのも大事ですけど、最終的には偏差値がないと行けません。親が特定の学校に固執すると、子どもに親の思いが伝わってしまい、子どもを追い詰めることになります。6年になると偏差値も固まってくるし、志望校はそのときに選ばれたらいいと思います。通学時間も大切な要素で、片道2時間が限界ではないでしょうか？　それ以上のところは、志望校を変えるか引っ越すかですね。

最終的に浜学園に相談して決めました。

75

A ‹‹‹ Q

子どもが算数で時間がかかり、1日の予定時間を過ぎてしまいます。

タイマーで短い時間で集中させる。何時までとゴールを決めて、時間がきたら切り上げて。

Q

子どもの中学受験のため、1日の勉強スケジュールを作成し、取り組んでいます。1日、1教科あたり30~50分の学習で、大体2~3教科を頑張ろうと学習計画を立てていますが、算数で時間がかかり、予定時間を過ぎてしまいます。そんなとき、途中で切り上げて別の教科に移るか、やり遂げたあと、他の教科の学習をするか、佐藤さんのお子さんはどうされていましたか?（沖縄県・40代）

A

勉強の計画を立てているということですが、**1日にやるのは2教科**にしてあげてください。３教科だと子どもは意外と気が散るし、１教科目をやっているときに、あと2つあるというのは気持ちが萎《な》えてしまうからです。１教科にかける時間を少し延ばしても、２教科にすることをおすすめします。

「算数に時間かかって予定時間を過ぎる」ということですが、まとめてすべて終わらせようとせず、例えば2問を20分でというように、少しずつ細切れでさせると、意外と効率がいいのです。子どもは、長く集中していられないので、まとめて50分とすると、途中でだれちゃうのですよ。予定時間と問題数に無理がないのか、もう一度考えてください。

予定時間が来たときには、途中でも切り上げて、別の教科に移るほうがいいと思います。

76

A <<< Q

子どもが受験のとき、仕事をセーブし、子どものサポートにまわったほうがいいでしょうか。

仕事をセーブできるならセーブして、子どもにすべてを背負わせない。

Q

私には息子がおり、将来中学受験をと思っております。現在週4日で病院に勤務しており、帰宅時間も夜9時過ぎのため、子どもと接する時間が少ないのが現状です。そこで質問なのですが、子どもの受験勉強が本格的になる高学年の時期は、仕事をセーブし、子どものサポートにまわったほうがいいでしょうか？　中学受験生に、親がどこまで関わっていくことがベストなのか悩んでおります。

（東京都・30代）

A

セーブできるのなら、ぜひセーブして、お子さんに寄り添ってあげてほしいと思います。中学受験をする子どもは、まだまだ小さいのです。小学校では最高学年なので大きく感じられるため、もう一人で大丈夫と思ってしまいがちなのですが、お母さんがいつもそばにいたり、家の中で何かをしていたりというのは、子どもに安心感を与えるのです。受験はやはり孤独なので、小学生に一人で立ち向かわせるのはちょっとかわいそうかな。

また、関わり方についてですが、合格発表の日、お子さんの受験番号を見るまでサポートしてください。受験生のすることは、〈問題を解いて正しい答えを出すだけ〉ですので、それ以外のことは、すべてお母さんがする覚悟を。

私は、子どもたちの大学受験のときも、願書を取り寄せたり参考書を買いに行ったりしていましたし、願書も本人の自署以外は私が書きました。「高校生が親に願書を書いてもらうなんて」と言う人も多いのですが、願書を書くのは意外と面倒で時間がかかるのです。「本人にさせろ」と言う人は、受験を甘く見すぎなのです。**願書を書く時間すらもったいないと考えるのが、受験を成功させるコツ**の一つなのです。

77

A ‹‹‹ Q

習い事をやめるタイミングは？

受験の妨げに感じたらやめる、というふうに割り切る。

Q

小4の娘が中学受験を考えています。4歳からピアノや水泳などの習い事をしています。今はピアノと塾を掛け持ちしていますが、だんだん練習と勉強の両立が難しくなってきました。佐藤ママのお子様は、それぞれにバイオリンやピアノまた水泳などを習われていたと伺いましたが、いつのタイミングでそれらの習い事をやめられましたか？（奈良県・30代）

A

長男は、バイオリンを小4までやりました。小5になったら、塾の科目がいきなり増えたので、お休みすることにしたのですが、長男だけ塾に行って他の3人をバイオリンに連れていくことが無理なので、そこでいったん全員中止しました。中学入学後、バイオリンに復帰する予定でしたが、長男が少ししたものの結局男の子3人は部活との兼ね合いで完全にやめてしまいました。娘は中学入学後にまた始めましたが、2年ほどでやめました。娘だけ、ピアノを小1から始めて高1まで続けました。

水泳は全員が4歳から始めて、四種目メドレーでターン付きで泳げるようになったらやめると決めていたので、みんな小4くらいでできるようになってやめました。

このようにうちの場合は、習い事に関しては結構いい加減で、受験の合格を第一に考え、妨げに感じたらやめるというふうに割り切っていました。

子どもたちがバイオリンを習ったのは短い間でしたが、**バイオリンの曲をCDで聴いたり、モーツァルトの曲を再現したり、音楽の話をみんなでする機会があったりしたのは、本当によかったと思っています。**

78

A ‹‹‹ Q

母親が塾の宿題を一緒に解いてきましたが、レベルが上がるにつれついていけなくなってきました。

自分で教えることはせず、問題を読んであげたり、丸付けをするなどサポートにまわる。

Q

中学受験を考えています。塾の宿題を一緒に解いてきましたが、レベルが上がるにつれ私がついていけなくなってきました。宿題がわからないと集中力が途切れてしまうところがあるので、そういうときにサポートできるように、私も予習復習してきましたが、今後難しくなりそうです。WEB配信で問題の解説を視聴することも可能ですが、リズムが崩れてしまうみたいでうまくできません。このような状況のとき、佐藤さんはどうされてきましたか？（奈良県・30代）

A

予習復習されてきたとは、頑張ってこられたのですね。私も、長男が小四で塾に入って最初の2カ月ぐらいは一緒にやっていました。でも、そのあとからは算数が難しくなり過ぎて、とてもじゃないけど教えられませんでした。それにやはり塾から、塾の教え方というのがあるので、「お母さんやお父さんが違う方法で教えるのはやめてください」と言われました。それで、**教えることはせず、問題を読んであげるとか、丸付けをするとか、必要なものを揃えるというように、ひたすらサポートに徹しました。**

うちの子どもたちの頃、WEB配信はなかったので、わからないことは先生に聞きに行っていました。塾の宿題は結構難しいので、なかには宿題を教えてもらうために、家庭教師をつけている子もいましたが、今はWEB上で先生が解説してくれるというのですから、便利になりましたよね。

ただWEBは小学生が一人で見ているとボケーッとすることがあります。それでリズムが崩れてしまうのかもしれないので、WEB配信を利用するときは、お母さんが一緒に見てあげるといいと思います。

79

A <<< Q

中学受験前日・当日の食事、服装や持ち物など気をつけたほうがいいことは？

持ち物は、前日に準備しようと思わず、親が3カ月ぐらい前から準備しましょう。

Q

小学5年生の男の子の母です。中学受験ならではの直前の過ごし方を教えていただきたいです。前日・当日の食事、服装や持ち物、試験直前に勉強する内容などなど。持って行ったほうがいいものは情報が入ってきますので、盲点となりがちな「避けたほうがいいもの」について教えてください。（栃木県・40代）

A

試験前日と当日の食事については、ご馳走を食べたりせず普段どおりにし、食あたりのおそれのある生ものは避けるようにしましょう。朝食は、子どもによって違いますね。我が家は、長男と次男はコンビニのおにぎりのみ、三男はバイキングの朝食で友だちと楽しそうに食べていました。娘は、動くのが面倒ということで、ルームサービスを頼み、トーストとスクランブルエッグと紅茶が朝食でした。

服装については、下着を着こまないことです。会場によっては、寒かったり意外と暖房がきいていてかなり暑かったりして、下に着込むと調節できなくなるため上からはおるものをいくつか。カンニングを疑われるような、**漢字やアルファベット、地図などがプリントしてあるものを避けること**です。ロゴも指摘される可能性があるので、無地のものを用意したほうがいいでしょう。文房具に関しても同じなので、漢字やアルファベット、地図などが書かれた筆箱や鉛筆も避けてください。

また、普段と同じ状態のほうがリラックスできるので、例えば毛糸の帽子をいつもかぶっているような子どもには、普段どおり帽子をかぶせて行かせてあげてください。

持ち物については、1日前とか、2日前に準備しようと思わないで、親が

3カ月ぐらい前から着々と準備をしておくことです。私はノートに必要なものを書き出していきました。ティッシュ、ミニタオル、マスク、スリッパというように思いつくものを1回書いて、そこから「ウエットティッシュも必要かも」というように、気がついたらその都度書き加えていきます。そして次々とデパートの大きな袋に、決めたものを入れていきます。もちろん前日にノートと荷物を照らし合わせることも忘れないでくださいね。

それからテキストを山のように持っていく人がいますが、重たいだけだし、見る暇もないのでいらないと思います。そのかわり、秋ぐらいから苦手なものを集めた間違いノートは作って持っていきました。

他には、試験シーズンは雪が降ったりすることもあるので、スリッパと靴下の替えも持たせました。靴と靴下が濡れたまま試験を受けさせるのは、かわいそうですからね。

また、**受験票とか時間割や注意事項が書かれた紙はコピーして、お母さんも持ち、子どもにも余分に持たせると安心です。**念には念を入れましょう。

80

A ‹‹‹ Q

もし受験で希望通りの中学に入れなかったら、どんな声をかけようと考えていましたか？

12歳で人生が終わりではなく、先を見て行くような声かけをしようと、前もって台詞《せりふ》を考えていました。

Q

小3、年長、年少の3人の娘がいます。全員中学受験を予定しています。3人とも希望の中学に入れるのが一番ですが、それがかなわない場合もあるかと思います。佐藤さんは、お子さんが希望通りの中学に入れなかったときに、どんな声をかけるか前もって考えておられましたか？（広島県・30代）

A

三男が6年生のときに成績が上がったり下がったりしていて、夏休みに灘中の一模擬試験を受けて、100点満点の算数で9点を取ったことがあります。おそらく上の二人が灘に入っているから、本人も気づかないところで、相当プレッシャーがかかっていたのだと思います。

私は、不合格の可能性もないこともないなと思い、三男が落ちたときのことを想定し、前もってかける台詞を考えておきました。本人は頑張ってやってきたのに、傷口に塩を塗り込むようなことは言いたくないし、12歳で人生を終わらせてはダメだと思ったので。合格発表を見たときに、とっさに気の利いた言葉をかける自信がなかったのです。

「灘中、残念だったね。だけど、一生懸命頑張ったよね。他の中学校へ行くことになったけど、6年後にはまた大学受験もあるし、またママも一生懸命手伝うから頑張ろうね」、というものです。

長すぎてもくどいし、短すぎてもそっけないので、推敲に推敲を重ね、この言葉にしました。忘れないように手帳に書こうと思いましたが、書くのはなんだか縁起が悪いでしょ? 暗記して淀《よど》みなく言えるように9月から毎日練習しました。三男を浜学園に送ったその帰り道に、車を運転しながら練習するのですが、口に出して台詞を練習したら、落ちたときの三男のちっちゃな背中が泣いて震えているのが目に浮かんで、その度に私は号泣していました（笑）。

その後三男は無事に灘に合格し、今度は娘を浜学園に送って行くことになったのですが、娘を送った帰り道、いつもの癖で口から台詞が出てくるのですよ。そうすると、また不合格の三男の背中が目に浮かんできてまたもや号泣。ひとしきり泣き終わったら、「あれ？　三男は灘に通ったんだった」と気がつくのです。それをなぜか毎日繰り返し、その年の5月に学校の文化祭があり、そこで楽しそうにしている三男を見てはじめて、ああ、灘に通ったんだなと実感し、やっと泣かなくなりました（笑）。私も三男の受験は相当心配だったのでしょうね……。

3人の娘さんが中学受験を予定されているとのことですが、**女の子は、精神的に繊細で、人の目も気にするので、「○○ちゃんは、どこを受けるの？」「○○ちゃんはあそこに行けていいいね」などと人と比べるようなことは言わず、悩み事はないか、よく眠れているのか、傷ついていることはないか、体調の変化はないかなど、きめ細かいケアが必要かもしれません。**

第3章

18歳までに親にできること

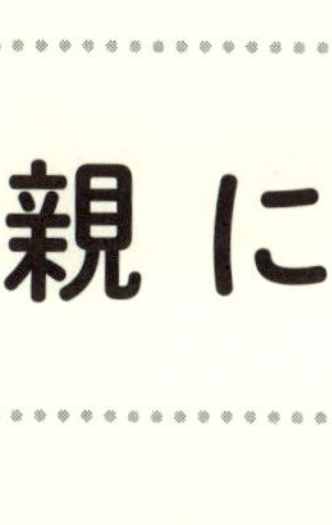

81

Q

中学受験で第4志望に通う息子を、事あるごとに受験の失敗を持ち出して、傷つけてしまいます。

A

第4志望に行ったのは、そこにご縁があったから。

Q

中学受験した結果、第4志望校に通う中3男子の母です。息子は楽しく通い、部活も学業も優秀表彰されるほど頑張っています。しかしながら私が事あるごとに受験の失敗や、学校をけなすようなことを言ってしまいます。息子を傷つけるとわかっているのに。こんな私にどうぞガツンと言ってください。（東京都・50代）

A

部活も学業も優秀表彰されるなんて、素晴らしいじゃないですか。それなのに、いつまでも引きずっているお母さんが大人として未熟すぎます。いつまでも合格しなかった学校のことを言っても、なんの意味もないですよね。受験の失敗や学校のことをけなしたりすることで、次の大学受験のとき、息子さんがお母さんの言葉を思い出して頑張れなかったらどうするのですか。いつまでも、ご縁のなかった学校のことを言っているお母さんを息子さんは哀れに思うし、嫌いだと思います。そもそも息子さんに失礼ですよ。

そろそろ大学受験のほうに視点を移さないと、また同じことが起きたらどう責任をとるのですか？　受験はやはりメンタル面も大きいので、心から息子さんを応援してくださいね。

だいたい、第4志望に入れたのに、それを失敗と思うこと自体が問題です。その学校にご縁があったと考えたほうがいいと思います。**受験は、ご縁があるところに入るのです。**ご縁のあった学校で楽しくやることは、非常に人間として尊いことなのです。しっかりしたいい息子さんではないですか。

82

A <<< Q

勉強のスケジュールは母である私が立ててきましたが、現在、「今日は何の勉強したらいい？」と母親任せな感じです。

スケジュールは母親が立ててOK。1カ月と第1週分の計画をまとめて立てて、前もって渡しましょう。

Q

息子は中3です。中1から勉強のスケジュールは、母である私が立ててきました。しかし、現在、「今日は何の勉強したらいい？」と、勉強スケジュールは母親任せな感じなのです。自分なりにスケジュールを立ててもらいたい気持ちもあります。どう思われますか？（鳥取県・40代）

A

お母さんが立てたスケジュールで本人も納得しているわけだから、息子さんが「スケジュール立てなくていいよ」と言うまで、立ててあげたらいいと思います。自分からは何もできない指示待ち人間になることを、心配されているのかもしれませんが、子どもは大学生になったら手が離れて、否応なしに自分一人ですることになりますから。とりあえずサポートして、行きたい大学に進学させて、指示待ち人間になってしまっていたら、そのときまたどうするか考えたらいいじゃないですか。

「子どもが自分で何もできなくなったら困る」というような不安から、親がサポートの手を緩めて、手を引いて手伝うのを6割くらいにして遠慮すると、入試に落ちたりするのです。入試に落ちるのって、あとあと面倒なんです。とりあえず、迷わずサポートしてあげましょう。

母親が任せられているのでしたら、**1カ月の計画を立てて、週のはじめに1週間分の予定表を渡しておきましょう**。そうすれば、息子さんも毎日聞かなくてもすむし、1週間の中で、自分なりに調整するようになるのではないでしょうか。どの程度予定が進んでいるのか、時々声をかけてください。

83

A <<< Q

中1の娘は大量の宿題に追われ、徹夜になることもあり、身体も心配です。

子どもの負担を減らすよう、親が手伝ってあげましょう。

Q

中1の娘は目標とする中学になんとか合格したものの、大量の宿題に追われ、徹夜になることもあります。机に向かっていても、集中力が途切れている時間が長いのも原因かと思います。身体が心配で最低限の睡眠を優先し、宿題を提出できず、すでに少し平常点が引かれてきています。宿題は何が何でも終わらせるようにしたいのですが、身体も心配です。どうしたらよいでしょうか。（福岡県・40代）

A

大量の宿題については、手を出せるところはことごとく親が手を出してあげましょう。例えば、学校によっては、数学の問題をまず写させたりするのですが、問題を写すのは何の意味もありません。古文や漢文も教科書の本文を写して、横に訳を書くという宿題もよくありますが、写しながら覚えるわけでもなく、時間がかかるだけの苦行なので、全部親がしてあげたらいいと思います。

それだけで、大量の宿題が３割ぐらい減って、徹夜しなくてもすむはずです。お子さんが身体をこわしては元も子もありません。でも宿題は終わらせないといけないので、子どもの負担を減らすよう、親ができる限り手伝ってあげることです。

84

A <<< Q

中1の息子の幼なじみのお友だちが張り合ってきて、息子も私もストレスを感じています。

はっきり嫌だと意思表示しましょう。

Q

中1の息子の幼なじみで男の子のお友だちが、息子に張り合ってきます。テストの点数を周りから聞き出し、勝った！　負けた！　絶対おれのほうが上！　等々、会えばその話しかしない状態で、息子に負けたときの落ち込みも激しく、対応に困るそうです。聞けば、ご両親がいつも家で、「○○（息子の名）くんに負けるな！」とお声がけされているそう。家の中だけでの話ならまだしも、お友だちが戦意丸出しで、周りの子たちにも宣戦布告しているので、息子も私もかなりストレスを感じています。振り回されずに頑張っていくには、どのように対応するべきでしょうか。アドバイスいただけると幸いです。（埼玉県・50代）

A

こういうことを言う子って、だいたい後々伸びないんですよね。本当によくできる子は、もっと泰然自若《たいぜんじじゃく》としていますから。こういうお子さんは、親子で似ていますものね……。困ったものです。

そんなことに振り回されるのは無駄ですので、たまには息子さんがその友だちに、「お前、うるさいよ」とか「いい加減にしろよ」とか言ってもいいんじゃないでしょうか。その子を黙らせる一番の特効薬は、常にその子より高得点を取ることですけど。

85

A <<< Q

中学受験を終え、2年にあがると毎日ゲームとスマホばかりするようになりました。

スマホは寝る前に少しチェックするだけ。ゲームは使える日と使わない日を決める。

Q

中高一貫校に通う中2男子の母です。中学受験を終え、中1のときは緊張もあったのか家庭学習もしていたのですが、中2になると自宅ではゲームとスマホだけの毎日です。宿題は学校ですませている、と申します。定期テストの成績は120名中、10~20番というところで、本人はそれで満足しているようです。反抗期もあり、親が言うと余計にやりたくないと思うようです。このまま様子を見ていてもよいのでしょうか。貴重な時間を無駄にしているのではないかと不安に感じております。（富山県・50代）

A

中高一貫の場合、高校受験がないから、だいたい中2、中3、高1は一番中だるみの時期で、勉強しないですね。定期テストが120人中10〜20ですから、成績はいいと思いますが、ゲームとスマホばかりしているようでは、そのうち成績は落ちるでしょう。

「貴重な時間を無駄にしている」と私も思います。スマホって、子どもの時間を吸い取るのです。子どもの貴重な人生を潰してしまいます。それに、中毒性がありますので結局はやめられず、受験期になってもこのままの恐れがあります。そろそろ、相談して取り扱い方を考えたほうがいいと思います。

ゲームやスマホは「1日1時間」とか「宿題がすんだら1時間ね」とルールを作ったところで、守れるわけがありません。それが守れるようだったら、苦労しないでしょ?

例えば、月曜から土曜まではゲームではいっさい遊ばない。帰ってきたらスマホも使わない。寝る前に少しチェックするだけ。でも「ゲームは日曜の起きたときから夕方の5時までしていいよ」と、使える日と使わない日をくっきり分けるのです。さすがに、日曜に9時間も続けてさせたら、それなりに満足しますよね。

ゲームの性質として、1時間ではやった気がしないのです。同じ9時間させるのなら、毎日ちまちまと1時間させて不満足の状態で1週間過ごさせるより、日曜日にまとめて9時間させたほうが満足度は全く違うと思います。

ただし、受験生はこんなことを日曜日にしていては、合格はほど遠いでしょうね。

中高一貫校の場合、中学生のときは、定期テストに向けてしっかり勉強していたら高校にいっても大丈夫なので、**中間・期末はしっかりと押さえておくように**言ってください。

86

A <<< Q

忙しい高2の娘に代わって、授業のプリント類など母親の私が整理整頓してあげたい。

誰が見てもどこに何があるのかわかるように、整理整頓しましょう。

Q

高2の進学校に通う娘は、毎日たくさんのプリントを持ち帰ってきます。忙しい娘に代わって、母親の私が整理整頓してあげたいのですが、佐藤さんはプリント類をどうされていましたでしょうか？（北海道・40代）

A

ぜひ、お母さんが整理整頓をしてあげてください。そして、**ファイリングでも背表紙をちゃんと付けるとか、色分けするとか、誰が見ても一目でわかるように、見た目に工夫をしてくださいね。**

87

A <<< Q

中学受験後、燃え尽きて勉強しなくならないためにはどうしたらいいでしょうか。

中学校の3年間は思いっきり遊ばせる。でも中間・期末はしっかり点数を取る。

Q

中学受験後、燃え尽きて、勉強をしなくなる子もいると聞きます。どのような子がそうなるのか、また、そうならないためにはどうしたらいいのでしょうか？
（愛知県・30代）

A

中学校の3年間は、クラブや友だちとの遊びなどを思いっきりさせる時期だと思います。中学受験は大変です。入学後は少し自由にさせたほうがいいと思います。でも、定期テスト対策はきちんとさせることがポイントですね。それと、ゲーム三昧《ざんまい》に陥《おちい》らないことですね。抜け出せなくなります。

息子たちは、クラブ活動をそれぞれ一生懸命やっていましたし、体育祭のときには応援団で早朝練習にも行っていました。学校の活動以外でもボウリングに、カラオケに、焼き肉に、ビリヤードにプールにと、もう遊び尽くしていました。

ただし「**中間・期末でちゃんと点数を取らなくなったら、クラブも遊びも即やめてもらいます**」と釘を刺しておいたので、成績がガクンと落ちるということはありませんでした。

ちなみに息子3人が灘に通っているときは、中間・期末の時期が一緒なので、家中がお祭りみたいになっていました。私もお祭り気分を盛り上げるために、そのときだけは日頃、食べさせないカップラーメンとかをいっぱい買ってきて、夜食にしていました。「中間・期末はやっぱりカップラーメンだよね」と、子どもたちも勉強の励みにしていました。

88

A <<< Q

高3の娘が大学受験を控え、勉強に身が入らなくなってきました。

美味しいものを食べに行くとか、映画を観に行くとか気分転換も大切。

Q

高校3年生の娘の件です。ここに来て勉強に身が入らなくなってしまいました。ここまで中学受験→高校受験と受験勉強ばかりに追われて疲れたのか、親が関わりすぎて自主性がないのか、理由を考えればキリがないのですが、勉強にむらがあり、最近は一日の課題をこなせず、かなりたまってきています。このままでは第1志望の都内の私立最難関大学受験も、さらに厳しくなってくると思います(前回A判定、今回D判定)。

塾スタッフの方は、母親から離れない限り受験は成功しないから、塾にすべて任せなさいと言うのですが、ある意味自主性を重んじられているようでいて、基本は放任です。

これから受験までの時期を母親としてどうやって関わっていけばよいのか、アドバイスをお願いします。私自身、以前大学受験をする子どもに関わっていたこともあり、最難関私立大学に合格するためには、どれくらいの量と質をこなさないと合格に届かないのかは、ある程度わかっているつもりですが、子どもにはそれがしんどいみたいなのです。（北海道・40代）

A

娘さんは、ちょっと、人生に疲れているような感じなのでしょうか。いよいよ、受験の最終局面ですものね。あとひと頑張りですので、お母さんの応援が必要です。

塾が「お母さんが離れなさい」と言うのは間違えていますね。ずっとお母さんが関わってきたのだから、「塾にすべてを任す」ような危険なことはできません。たまに、「すべてを私たちに」と豪語する塾がありますが、他に多くの塾生もいるのだから、その一人一人に完璧に寄り添うことなんてできるわけないのです。

お母さんも受験には詳しいとのことなので、合格するための絶対量を明確にし、娘さんにさせる計画を練ったらどうですか。

私は娘が受験生のとき、**ケーキ、可愛いミニタオル、セーター、髪留めなど気晴らしになりそうなものを買っていました。**女の子って意外とそういうのが癒《いや》しになるので、ショッピングに行くとか、美味しいものを食べに行くとか、映画を観に行くとか、お母さんと女子会みたいことをしながら気分転換をして、頑張っていくのがいいと思います。

前回A判定、今回D判定だったというのは、試験の最中になんだかやる気が出なかったのかもしれませんね。あまりとりたてて、心配したり励ましたりしなくてもいいですよ。本人の実力は変わらず、周りが上がっているとも考えられます。**「受験まで、もうちょっとだね。ママも手伝うし、あなたも頑張ろうね」**と話してください。具体的に本番まであと何日と数え、現実を把握するのは大事です。

89

A <<< Q

再来年受験の女の子の母親へアドバイスをお願いします。

体力のことも考えつつ、おしゃれのための時間も取ってあげて勉強させてください。

Q

3人の子どもがおります。上2人は女の子、末っ子が男の子です。長女は一浪後、国立理系に今春入学しました。浪人生の苦しさを理解できずに衝突してしまい、猛省の日々です。模試の結果が悪かったときに、どんな言葉をかけてあげたらよいのか？　そして、受験に対する私の毅然《きぜん》とした覚悟も必要だったのではないかと思っています。再来年受験の次女でまた同じことを繰り返さないために女の子の母親へのアドバイスをお願いします。（茨城県・50代）

A

模試の結果はお母さんとしても気になるところですが、悪かったときに責めたりするのはよくないし、かといって「大丈夫よ」とまやかしの励ましをするのも無責任です。**悪かったときは、「何点足りないの？」「その分、どこかで取れなかったか見直してみようか」というように、点数を上げるために具体的に何をすべきか考えることが大切です。**

お母さんが口うるさく言うのはうまくいきませんが、例えば点数が悪いのにスマホをずっといじっていたら注意しないといけません。うちの娘はスマホ世代で、中1からスマホを持たせていましたが、友だちからＬＩＮＥがしょっちゅう来るし、それに返事をしていたら時間がもったいないので、家に帰ってきたら電源を切って鞄の底に入れて、遠ざけておきました。ただスマホは、調べ物をするのに便利なので、そういうときは私のスマホを使わせていました。

女の子の母親へのアドバイスということですが、**受験は男も女も関係ありません。**ただ女の子は男の子に比べて体力がないし、例えば髪の毛とかを綺麗《きれい》にしたいというのもあるので、体力のことも考えつつ、おしゃれのための時間も取ってあげて、勉強させるということが大事になります。

とはいえ、勉強させる量は男の子と変えてはいけないので、そこら辺は兼ね合いを考える必要がありますよね。

90

A <<< Q

長男は志望していた大学に現役で合格、次男は浪人中です。佐藤さんはどのように浪人中の長男に接していましたか？

過ぎたことは言っても仕方ないので、私は何も言わず、合格を祈りました。

Q

次男が国公立大学医学部を目指して浪人中です。希望している大学に長男は現役で合格し、次男は精神的にプレッシャーを感じているようです。佐藤さんのご長男は浪人中、どの予備校に行きましたか？ また、佐藤さんはご長男にどのように接しましたか？（京都府・50代）

A

長男は、東大の理Ｉに籍を置きながら、駿台の大阪校に行っていました。前期試験で理Ⅲに通らず、後期試験で理Ⅰに通ったものの、本人が再挑戦したいというので浪人させたのですが、万一のこともあるので、理Ⅰに籍だけ置いていたのです。

絶対に合格すると言われていた長男が落ちたのは、共通センター試験のあと気が緩み、油断してしまったからです。それは、本人も自覚しているし、過ぎたことは言っても仕方ないので私は何も言いませんでした。

予備校には夜9時まで開いている自習室があり、長男は毎日お弁当を2つ持って行き、自習室が閉まるまで勉強していました。ちょうど次男も受験生だったので、家にいるときは、次男に数学、物理、化学などを教えていました。

ご相談者の方の次男さんのプレッシャーは、もう自分で克服するしかないですよね。兄は兄、僕は僕と割り切ることも、人生のいい経験になりますよ。これから出ていく世の中は、もっと生きていくのに大変なことがたくさんありますから。この程度のストレスなんて、大したことはありません。お母さんは余計な気を遣わずに、普通にしていたらいいと思います。

91

A <<< Q

娘が浪人したとき、予備校の寮に入れたことを後悔しています。

浪人で寮生活はつらかったでしょう。生活環境が変わりすぎると、本人の負担が大きくなります。

Q

医学部を目指していた長女は一浪し、寮のある予備校に入りました。我が家は田舎なので近隣に大手予備校はなく、本人が気がすすまないのにもかかわらず主人の考えで寮に入れたのですが、一人で都会暮らしにも慣れずに、心身ともにまいってしまいました。何度も泣きながら電話をしてくることで私も毎日つらく、主人を責めてばかりでした。結果希望の学部には入れませんでした。佐藤ママだったらどんな選択をしますか？（茨城県・50代）

A

私でしたら、本人が嫌がっているのだから寮には入れなかったと思います。近くに大手の予備校がないのが不安だったのだと思いますが、夏期講習だけ大手の予備校に通うこともできたのでは、と思います。近くに、短期賃貸マンションのような短期で借りられる物件を探すのもありでしょうか。なかったら、ビデオ授業もありますね。通信教育を使うやり方も最近は聞きます。

娘さんが泣きながら電話をかけてきたというお話は、胸が痛くなりますね。寂しかったのでしょうね。そのような状態では、落ち着いて勉強はできなかったと思います。

これまでと同じ状態で勉強できるようにしないと、生活環境が変わりすぎて、当人の負担が大きくなりますね。

でももう受験はしないのでしたら、「あのときに寮に入らなかったら希望の学部に合格できたのに」とは二度と思わないようにすることです。寮に入らずに泣かずにいても、合格をしたかどうかはわかりません。受験は、実際に合格した者のみが合格を語れるのです。娘さんが、進まれた学部を精一杯楽しまれて、充実した学生生活を送られることをお母さんもお父さんも応援してください。

92

A ‹‹‹ Q

浪人は単なる大学受験の失敗？　それとも人生のいい経験？

そもそも点数が足りないから落ちただけ。苦労をわざわざ1年延ばす必要はありません。

Q

浪人に関してどのように考えますか。単なる大学受験の失敗と思われますか。それとも人生のいい経験だと思われますか。特に医師を目指すのであれば、ストレートに人生を進んできてキャリア志向の医師になるよりは、一浪して人生の苦《く》悶《もん》を経験し、少しでも弱者に寄り添える医師になるとは思いませんか？　子育ての目標が受験に囚われすぎている気がしたのですが、人間性のような部分はどのようにお考えになっておられたのか知りたいです。（福島県・30代）

A

浪人を〈失敗〉ととらえるか、〈人生のいい経験〉ととらえるかですが、それは、してしまった失敗を〈人生のいい経験〉ととらえざるをえないということでしょ？　浪人を好んでする人はいません。浪人するということは、基本的に実力が足りなかったということです。なるべく現役で入れるよう頑張って、たまたま浪人してしまったら、「人生のいい機会だ」と思うことです。

「ストレートに人生を進んできてキャリア志向の医師になるよりは、一浪して人生の苦悶を経験し、少しでも弱者に寄り添える医師になるとは思いませんか？」とご質問にありますが、私の答えは、〈全く思わない〉です。

ストレートに人生を進むということは、大学受験を現役で入るということでしょうか？　18歳の一度の受験を失敗せずにいたからといって、その後の人生をストレートにずっと歩めるのですか？　浪人せずに入ったら、人生の苦労は一生しないのですか？　そんなことはないでしょう。一浪してもキャリア志向の医師になり、弱者に寄り添わない医師なんて、腐るほどいますよ。人間なんて、1年余分に高校の勉強を人よりしたからといって、急に立派な人間なんかにはならないのですよ。

あなたの考え方は非常に偏っています。そのことにまず、気がついてほしいですね。

浪人は、やむをえずするもので、してしまったらいい経験と考えて頑張るしかありません。ただし今は、制度もコロコロ変わるし、やはり早く合格したほうがいいと思います。浪人と気楽に言いますが、一浪ですむ保証はどこにもありませんから。

特に今は現役主義です。1年浪人して合格したらいいけど、合格しないことがありますから、浪人することを気軽に考えないほうがいいと思います。

また、浪人すると自分が落ちたところより上の大学に入れると勘違いするのも、怖いところです。だいたい、そのレベルに達していなかったから落ちたのであって、前回受けたところにしても、翌年入れる確証はないんです。

一昔前は、地方の子とかは情報がなかったし、どんな参考書を選んだらいいとかもわからなかったので、浪人も当たり前みたいな風潮がありましたが、今は地方でも情報を集めることはできるし、どうすれば一番最短距離で行けるかもわかるので、やはり現役で入るのが一番です。

「一浪して人生の苦悶を経験」といっても、その程度の苦悶なんて大したものじゃありません。そもそも点数が足りないから落ちただけであって、現役で通った人のほうが高校時代によっぽど苦労しているわけですから、その苦労をわざわざ1年延ばす必要はありません。それにストレートで大学に入っても、そのあとの長い人生の中で死ぬほど挫折しますから、浪人しなければ苦悶を経験できないと心配する必要はまったくありません。

93

A <<< Q

佐藤さんは、お子さんを東大へという目標をいつ話しましたか？

子どもたち自身が東大を受けたいと目指しました。

Q

お子さんを東大へという目標は、いつお子さんにお話ししましたか？　段階的に（幼稚園のときは中学受験の話をするとか）目標を共有したのですか？　東大卒業後の話もされてたなら、そのタイミングも知りたいです。（神奈川県・30代）

A

私は、子どもを東大へ行かせようと思ったことは、一度もありません。だから東大を目標にしたこともありません。灘に多くの生徒を合格させる浜学園に入塾したら、灘に通うようになり、東大を受ける生徒が多いので、自然と東大に行くことになったということです。浜学園は、知り合いのお母さんから先生が熱心で授業などが充実していると聞き、車で送っていける距離に教室があったので通わせました。

上の3人の息子たちはみんな灘なので、同じように東大に、ということになりました。娘は、上の3人の兄が行ったので私もということで、東大にしたということです。

東大に、という目標を持ったことはないし、ましてや子どもたちとそのような目標を共有するなど考えたこともないし、大学卒業後の話は、決まったことを聞くだけです。

私は、子どもが自活できるように育て上げようとやってきただけですし、職業に関しても、子どもが納得するものに就けたらいいと思っていましたから。

94

A <<< Q

子どもが悩んでいるとき、どうやって元気づけられていましたか？

「頑張りなさいよ」と口で言うだけじゃなく、行動して悩みを片付ける。

Q

子どもが悩んでいるとき、佐藤ママはどのように子どもたちを元気づけられていましたか？　悩みは勉強のモチベーションにも影響すると思いますが、どのように乗り越えられてきましたでしょうか？（東京都・30代）

A

「元気出しなさいよ」と言っても、元気というものは出るものではありません。悩みがなかったらモチベーションが上がるというわけでもないですけど、確かに悩みがあると勉強する気にならないこともあるでしょうね。子どもが悩んでいるようなら、まずは悩みを具体的に聞き出すのが解決する早道だと思いますが、子どもに限らず、自分の悩みを人にはぺらぺらと話さないでしょ？　ですから、話してくれて、解決できそうなら協力する、という感じでしかできないですね。話さないのなら、なんとなく遠くから見守る、かな？

子どもは親に気を遣うので、悩んでいてもなるべくそういうそぶりを見せないようにするものです。悩んでいると思ったら、あるときは「頑張りなさいよ」と声をかけ、またあるときは悩みを聞き、場合によっては学校に行って相談するとか、様子を見ながら親は動いたらいいいと思います。

95

A <<< Q

いつも忙しく、子どもにまっすぐ向き合えないときがあります。佐藤さんが元気なママでいるために、されていたことを教えてください。

「今日できることは明日に延ばさない」ではなく「明日やれることは今日やらない」。

Q

子育ての合間に、ご自分のために読書をされていたと著書に書かれていましたが、私自身いろいろなことに忙殺され、子どもにまっすぐ向き合えないときがあります。佐藤ママが、いつも元気なママでいるためにされていたことなど教えてください。（東京都・30代）

A

私は、細かいことはほとんど考えないことにしていました。やっぱりお母さんは、元気じゃないと家の中が暗くなるのですよ。

私は料理本が好きで、たくさん持っているのですが、例えばハンバーグを作るとき、一回一回、全部違う作り方をすると楽しく、子どもたちも楽しみにしていました。「これは子どもにウケるかな」と考えるのが楽しかったので、子どもが笑顔だったら、私も元気になれるみたいな感じでした。

「子どもにまっすぐ向き合えないときがある」ということですが、それはもしかして自分のことをやろうとしているからではないでしょうか。それとも、疲れてる？　自分のことをやろうと決めると、子どもはどうしても邪魔になるものです。邪魔者にするのは、子どもに対して失礼だと思ったので、私は自分のことをやらなかったんです。隙間時間に本と新聞を読むくらいでした。

それから、いろいろなことに忙殺されそうになったら、**優先順位を決め、明日やれることは今日やらないと割り切って考えたらいいと思います。**

もちろん優先するのは子ども。例えば洗濯物を放っておいたら、服にカビがはえるかもしれないけど、服は買い換えることができます。でも、子どもは毎日大きくなっていくし、一緒にいる時間を楽しまないともったいないですから。

96

A <<< Q

東大入試を解けるくらいの学力がなければ、佐藤ママのような子育てはできない？

普通の大人は、学校で習ったことは忘れています。でもサポートはできます。

Q

佐藤ママは、常に子どもの勉強に寄り添っていたイメージが強いのですが、中学や高校の勉強はもちろん、東大入試も実際に解けるのでしょうか？（そこまでの学力がなければ佐藤ママのような子育てはできないのかな？　と正直尻込みしてしまいます）（山梨県・30代）

A

普通の大人は自分の仕事に関しては詳しいですけど、それ以外のことは忘れてしまっています。だから、塾など教育のプロに頼んだらいいだけの話です。ピアノだって、弾けなかったら先生に頼むわけだから、それと一緒です。私は、一応英語は覚えていますので、東大の英語の採点などは、解答を見ながらならできます。国語や社会なども、解答があればどこが違っているのかは指摘できますが、数学、理科などは解答を見ても何もできません。親が大学入試の問題を解ける必要はないのでは。大人は、自分の分野のことに詳しければいいでしょ。そのほかのことは、プロの先生に習ったらいいのですから。**勉強に寄り添うとは、教えることではありませんよ。プリントの整理、ノート作りなど、寄り添ってしてあげられることはたくさんあります。自分の得意なことで寄り添ってくださいね。**

97

A ‹‹‹ Q

専業主婦である自分に自信が持てません。

幻想を追い求めず、具体的なビジョンを持って生きてください。

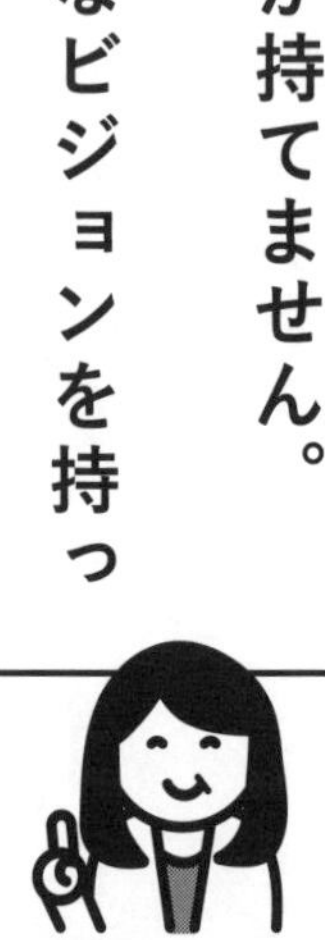

Q

県内に評判のよい塾がない場合、どう対応すればいいでしょう？　また、共働き家庭が増える風潮の中、専業主婦として自信を持つことができず、子育てに集中できません。専業主婦として自信を持って生きるためには、どのようなマインドを持てばいいのでしょう？（愛知県・20代）

A

塾については、近くで一番納得のいくところを選ぶか、今はＷＥＢで、有名な塾の授業も受けられるので、どちらかですね。

専業主婦としての自信についてですが、「自信がないと子育てに集中できない」というのは、勘違いされているのではないでしょうか。そもそも〈専業主婦としての自信〉って、何でしょう?

そんな曖昧《あいまい》なものに、とらわれないでください。私も、何かの自信があって、専業主婦をやってきたのではありません。今だって、「自信はありますか」と聞かれたら、答えようがなく困ってしまいます。だって、〈自信〉なんて考えたこともないですから。

私は、目の前のことについて、〈一番いい方法は何か?〉を追求してきただけなんです。世の中、〈絶対的な自信〉なんてものはありません。自分の考えややり方を、**〈本当にこの方法が、一番正しいのか?〉**と試行錯誤しながら、前に進むだけ。今すぐに、〈自信を持って生きる〉などという、耳触りはいいけれどつかみどころのない〈幻想〉を追い求めるのはやめて、目の前の子どもをどのように育てたらいいのか、〈具体的なビジョン〉を持って、生きてください。

98

A <<< Q

災害や事故から子どもを守るために、何に気をつければいいでしょうか。

新聞や育児書を読み、全国で1件でも事故があれば対策を立てます。

Q

災害や事故から子どもを守るために、どのようなことに気をつければいいでしょうか。近所の子どもたちは道路に出て遊んでおり、危険だなあと思っていますが、いずれ私の子どもも一緒に遊ぶようになると思いますし、育休があけると子どもが学校から下校した時間に私が家にいなくなるので心配です。（山口県・30代）

A

私は新聞や育児書などから、実際にあった事故を調べました。例えば小さい子は飲み込み事故が多く、特にボタン電池の飲み込みは危険で、胃の中で溶けて緊急の手術が必要になるという記事を読んだとき、すぐにおもちゃのボタン電池のフタをすべてガムテープで留めました。ピーナッツやゼリーも気管につまって窒息する可能性があると知り、家からすべて撤去。子どもたちが大きくなるまで絶対に買わない。節分の豆まきもしたくなかったのですが、実家から鬼の面と一緒に送られてくるので、全部庭にまいていました（笑）。

また、湯船の残り湯で溺《おぼ》れてしまうことがあると聞き、子どもが生まれてからは、私と子どもが入ったらすぐお湯を抜いて、主人が入るときはまた入れ直して抜くというように、湯船には常に残り湯がないようにしましたし、階段は転落事故が多いので、子どもが上がれないように柵を取り付けました。

家の外では、子どもの自転車事故が多いと聞いたので、私は子どもたちに自転車でどこかに行くことは一切させず、自分が車で送り迎えをしました。だいたい日本には自転車専用道路がほとんどないし、二輪車は不安定で危ないですから、自転車を乗れるように練習はしましたが、移動手段として使わせたことはありません。

例えば「この事故は、10万人に1人」といっても、自分の子どもが事故にあえば、確率は1分の1ですから。全国で1件でも事故があったらその原因となるものは避けます。

お子さんには、近所を一度連れて歩いて、危ないところを教えておいてください。普段は危なくないけど、雨がかなり降ったら水が溢《あふ》れて危ないところも、しっかりと教えておく必要があります。道路のこともよく説明しておくこと。

できたら、小学校の間は、とにかく用心に用心を重ねて、子どもを守ってくださいね。

99

A <<< Q

ギリギリの精神状態のときでも、子どもに愛情を注ぎたい！

考え方を変えたり、家事や仕事のやり方を工夫して乗り切りましょう。

Q

佐藤ママ、今日本ではたくさんの子どもが虐待に遭っています。虐待は絶対にしてはいけないことですが、共働きをしている家庭も多く、仕事と家事の両立に悩んだり、ワンオペ育児でストレスがたまったりと、子育て中の親はいろんなことで疲れています。心にゆとりがないと、言うことをきかない子どもに対して声を荒らげてしまったり、しつけのつもりがエスカレートして折檻《せっかん》につながってしまったりということもあると思います。どんな親も、子どもに対する愛情は強く持っていると思いますが、自分自身がギリギリの状態のとき、親はどうやって子どもに愛情を注いでいけばよいのでしょうか？（東京都・30代）

A

虐待の報道には、本当に心が痛みます。その背景に、共働き、ワンオペ育児という問題があることも理解しています。でも、**「疲れている」とか「親の精神状態がギリギリ」といった言葉は、親として覚悟の足りないのではないでしょうか。**

子どもは、自分のことすらすべてはできません。親となったからには、子どものことまでしなければいけないのですから、疲れるのは当たり前のこと。家の中に人間が一人増えているので、何かしら問題が生じるのも当たり前です。太古の昔から、人間の育児というのはそういうものなのです。厳しいと思うでしょうけれど、そんなことは産む前からわかりきっていたことですよね。

「自分自身がギリギリの状態のとき、親はどうやって子どもに愛情を注いでいけば?」と問うこと自体、大人として未熟ですし、甘いと思います。

「自分自身がギリギリ」という状態は、考え方を変えたり、家事や仕事のやり方を工夫したりすることで乗り切れることではないでしょうか。子どもが生まれる前と同じ考え方ややり方で乗り切ろうとするから、解決しないのだと思います。

ともかく、どんなことがあっても、まず「子どもに愛情を持つ」のが、親というものです。そこは、腹をくくらないといけません。子どもを産めば、そうした愛情豊かな親に自動的になるわけではありません。〝親〟になるという覚悟が必要なのです。

　子どもは、お母さんとお父さんを１００％頼って生まれてきます。子どものその全幅の信頼に応えられる〝親〟になるよう、ぜひ頑張っていただきたいと思います。

100

A <<< Q

18歳になったら子育ては終わりとおっしゃっていますが、そのうえでこれから子どもにどう接していけばいいでしょうか。

就職のことなどに意見を言いますが、意見が合わなければ子どもの意見を優先させて。

Q

この4月から大学生になった一人息子がいます。常々、佐藤ママはそこで子育ては終わりとおっしゃっていて、私もそう感じていますが、そのうえで、これから子どもに対してどういったことを念頭において接していけばいいでしょうか。就職活動への親の関わり方についてどう思われるか、私はすべて本人次第でいいと思っていますが、完全放任にしてしまっていいのか、多少サポートしたほうがいいのかはっきりしません。（神奈川県・50代）

A

子どもが18歳を過ぎたら、一人の人間として接し、親として忌憚《きたん》のない意見を言いつつ、子どもの意見が自分と違っていても、それを尊重し、応援するというのが、私の理想のスタンスです。でも、今の世の中、ブラック企業などの話が新聞記事になったりしていますから、もう少し口を出したほうがいいかなとも思っています。何といっても、やはり親である私たちのほうが、圧倒的に経験値がありますから。

時代は変わるし、親の経験値が活かされないこともあるけど、大人として何十年か先に生まれていますから、子どもに自分の経験は話しておこうと思います。もちろん、その情報を得てどう考え、何を選択するかは子どもに任せますが。

就職についても、自分の経験を話し、意見は伝えますが、**最終的には子どもの意思を尊重し、応援するつもりです。**でもいろいろと調べてみて、必要ならストップをかけることもあるかもしれませんね。

私は子どもたちに「ママが『右がいいよ』って言ったら、気を遣って本当は左がいいと思っているのに、右にしようとするかもしれないけど、ママが死にそうになったときに『実は、僕は左に行きたかった』とか言われても困るから、自分で考えて責任を持って決めてね」といった話をしています。

ただ18歳を過ぎたといっても大学卒業までは、こっちがお金を出していますから、「卒業はしてね」と言っています（笑）。

結局は、こちらが死ぬまでつかず離れずで、心配し続けるのでしょう……。それが、時代に関係なく、万国共通の親の〈宿命〉なんでしょうねえ。

お答えとしては、完全放任にはせず、多少サポートしたほうが、今の時代はいいと思います。

第4章

スペシャル対談

お母さんがぶれないことが大事
生きていくために必要なのは基礎学力

「花まる学習会」代表
高濱正伸《たかはままさのぶ》
×
佐藤ママ

子どもの思考力や国語力、生きる力を育むための教育に携わる、花まる学習会代表の高濱正伸さん。子どもたちが18歳になるまで、徹底して寄り添い、一緒に学んできた佐藤ママ。二人に共通するのは、子どもたちに学ぶ楽しさを知ってほしいということ。

子どものことを思えばこそ、親は子に、勉強をして志望する学校に入ってほしいと願いますが、そもそも親として大切なこととは何か?

変化する学校教育にどのように対応するか、また母親の心構え、父親の関わり方をテーマに、佐藤ママが高濱先生に考えをぶつけてみました。

制度が変わっても教育の基本は変わらない

佐藤 小学校の授業に英語が入ってきているし、大学入試のセンター試験も変わります。

今後の教育制度が大きく変わるということで、多くのお母さん方が「どのようにしたらいいので

しょう?」と、すごく心配されています。それも、未就学の子どものお母さんまで、大学入試を心配しているのですよね。

高濱　たしかに世の中大騒ぎしていますから、心配する気持ちもわかります。でも今、2~3歳の子が受験をするときは、また制度が変わるかもしれないし、先々のことを心配してもしょうがないですよね。

佐藤　教育制度がどんなに変わろうと、子育ての基本や子どもが何を学ぶかとか、また大学入試までの道筋などは基本的には変わりませんよね。

高濱　そこは変わらないと思いますよ。母国語がスムーズに読み書きできるとか、計算がつつがなくできるとか、遅刻しないといったルールを守れるということは、全員ができなきゃいけない基礎力です。

その基礎力の上に思考力や感覚や人間的魅力などがプラスされて、個人の実力みたいなものが生まれてくるのですけど、わりと最近のお母さんって、実力の部分に拘泥《こうでい》しちゃっているように感じることがあります。

佐藤　この先AIの技術がますます進むので、先生がおっしゃるように、思考力、感性、人間力とい

ったものが、これまで以上に大事になってくるとは思います。でもやっぱり、基本的に基礎学力あっての総合力ということだと思います。

高濱　そうなんです。「知識は調べればわかるから」みたいな、基礎学力の部分をないがしろにするような考え方は絶対に違うと思います。やっぱり頭の中に知識として定着していないと語れませんからね。スティーブ・ジョブズにしろ、ビル・ゲイツにしろ大学を中退しているけど、それぞれリード大学、ハーバード大学に合格する基礎学力はあるんですよ。そこを見逃してはいけません。

佐藤　大学を中退しても起業して成功できるから、大学なんかいらないということになりませんよね。調べればできるといっても、調べたものをちゃんと読んで理解することは必要ですし、複数の情報が出てきたときに、それらを比較検討するには基礎学力がないとダメですから。

高濱　あるところまではちゃんと基礎学力を固めないといけない。いわゆる教養ですよね。そこはもう間違いなく絶対大事な部分なんです。

佐藤　かっちりとした基礎学力をもとに、人間が発想し、途中経過はＡＩが行ない、最後に人間がよりよいものに仕上げる。最初と最後のところを人間がやるという時代になっていくような感じがしますね。

高濱　ただ基礎学力って結構泥臭くて、地味でつらいから、そんな面倒なことはしないで、さっさと調べたらいいじゃないかって思うんでしょうね。でもそれって、勉強を嫌だった大人が言ってるだけなんですよ。

佐藤　教育制度や技術革新がどんどん進んでいくから、先が見えない不安にかられるので、どうしたらいいんだろうって悩んでいる人が多いですね。でも、そもそも今までだって、はっきりと先の見える時代なんかなかったんですよ。人間はずっと、先の見えない霧の中を今という時を固めながら、足元だけを見て前に進んできたのです。

　でも、どんな時代でも、人間自体は変わりませんからね。オギャーッと生まれて、だんだん大きくなって、母国語を覚えて、生きていくために必要な基礎学力を学ぶということは、これからも変わりません。もっとも、今は基礎学力を身に着けるタイミングが、以前よりも少し早くなってきているとは思いますが。

教科書を絵本のように読む

高濱　佐藤さんは、基礎学力をしっかりつけたいという思いでお子さんの勉強のサポートをされたら、たまたま4人の子どもが4人とも、日本で最難関といわれる東大の理Ⅲに合格したということですよね。

　巷《ちまた》では、嫌がる子どもを押さえつけて無理やりやらせたみたいに思っている人もいるようですけど、だいたい本人に主体性がなかったら、4人が4

人とも東大に、しかも理Ⅲには入れませんからね。佐藤さんは相当うまくやったんだろうと思います。

佐藤　私のことを批判する方々は、ご自分がよほど楽しくない勉強をしてきたのでは、と想像します。子どもは、最初、勉強のやり方を知らないので、経験値のある私が、それぞれの子に合ったやり方を教えて楽しく勉強させてきたというだけなのですが。

高濱　「そこまでやらせるってどうなの？」って言っている人たちは、自分が勉強嫌いだったし、子どももも自分と同じように勉強は嫌だろうと思ってるんでしょう。

佐藤　教科書だって内容をよく読んだら楽しいんですけどね。例えば、私は、国語の教科書を絵本のように読んであげて、楽しいものと思えるようにしました。

高濱　「教科書を絵本のように読む」ですか。いいこと言いますね。教科書を大切にするのは、王道ですからね。

佐藤　お母さん方には、4月に教科書をもらったら、一冊全部を1週間で、お子さんに絵本のように読んでくださいって言っています。一度お母さんに読んでもらうと、子どもは教科書は意外と楽しい

ものだと思うし、たとえ学校で先生が型通りの授業をされても、一度お母さんが楽しく読んでくれていれば、なるほどなと思いながら楽しく授業を受けることができると思います。

高濱　京大とか東大に行ってる人は、みんな教科書に全部書いてあるじゃんって言いますからね。教科書って重要なんですよね。ところで佐藤さんのお子さんは、どこの小学校だったんですか？

佐藤　我が家の4人は、国立大の附属小学校です。今は入学試験があるらしいんですけど、うちの子どもたちのときは抽選だけで、たまたま当たったんですよ。子どもたちには「ママの人生の運は全部抽選で使い果たしたので、中学受験は自力で行ってね」って言ってました。

高濱　4人とも当たったんですね。それはすごい！　いくら運がいいと言っても、4人は無理ですよ。

佐藤　ほんと褒めてほしいです（笑）。長男のときは何気なく受けたら当たったんですけど、当たった人のリサーチをしたら、なんとなく傾向があると思い、次男のときにそれを使ったら当たったんです。それで三男のときにはもうちょっとレベルアップさせて、娘のときにはやり方が確立していましたね。

高濱　その手法は公開されたんですか？

佐藤　公開していませんが、話すと長くなるから今回はやめておきます（笑）。まあ、抽選でもぼんやりと受けたら倍率は12倍ぐらいになるけど、ちょっとリサーチして傾向をつかんで考えたら、3倍ぐらいになるのではないか、というのが私の持論です。倍率の数字は勝手に私が言ってるだけですけど（笑）、抽選のような単に運任せのことでも、受け身で成り行きに任せるのではなく、積極的に情報を集めて対策を練れば、当たる確率は上がるのではないでしょうか。抽選でも受験でも、何事もなすがままではなく、準備を整えて迎え討たないとダメなんです。

高濱　名言が出ました！　佐藤さんはやっぱり自分の目で見て判断して、対策を立てるところがすごいですよね。

佐藤　夏休みでも、お母さん方は8月の終わりになって「宿題が終わってない、感想文が終わってない」と嘆くけど、夏休みの始まる日と終わる日はわかっているのだから、なんで迎え討たないのかなといつも不思議に思います。

例えば自由研究だったら、私は5月ぐらいからそれぞれの子どもに合ったものを幾つか考えておきました。それで、7月の最初ぐらいにやりたいものを聞いて、工作だったら材料を準備して、夏休みになったら一気にするんです。「今年の夏休みは何々をするぞ」みたいにリストアップしておくと、子どもたちもワクワクしますよね。何事も自ら迎え討たないと楽しくないんですよ、人生って。

高濱　そうか。「作らなくて困る」とか言ってるからダメなんですね。わかっていることだから、あらかじめ対策を立てて、迎え討つわけですね。

佐藤　愚痴が出るのは、段取りが悪いから。頭の中に全然具体的なビジョンが入ってなくて、来るものが来たときに、出たとこ勝負でやろうとするから勝負できないんです。

例えば人生100年として、30歳の人の48歳までの18年間というのは、何が起こるか予測できませんよね。でも、0歳から18歳ってかなりはっきりと道筋が見えるわけですよ。6歳になったら間違いなく小学校に入学し、12歳で中学に入り、18歳で大学受験をするわけですから。

高濱　確かに0歳から18歳までって、枠組みがはっきりしてますよね。

佐藤　実は人生でこんなに見通しの立つ18年って、ないんですよ。小2で九九を習いますが、そこでしっかり身につけていないと、小3では、掛け算の筆算が出てくるのはわかっているわけですから、九九があやふやなまま進級すると、落ちこぼれるのは火を見るより明らかということになります。今の学年より次の学年は間違いなく難しくなるのだから、目の前のことを今きちんとしなければ、ということです。はっきりと先が見えてるのに、なぜ先にある落とし穴にむざむざとはまるかなという話ですよ。

高濱　勉強は積み上げですからね。どうなるかわからない先のことを心配するより、目の前の自分の子どもが何ができてないのかを見て、できないことをつぶしていくことのほうが現実的ですね。

佐藤　自分の子どもだけを見ればいいわけだし、子どもにいかに覚えさせなくちゃいけないかを考えるのは親にしかできないことですからね。

お母さんは家の環境、家の文化

高濱　ところで、佐藤さんの親御さんも佐藤さんのように教育熱心だったんですか？

佐藤　私の両親は本をどんどん買ってくれて、家の中は本だらけでした。でも、厳しい教育ママとパパという感じではありませんでした。例えば私が勉強しているときに、眠くなってコクっとなったら「もう寝なさい」みたいな感じでしたね。それで私は大分でのんびりと育って東京の大学に進学したんですが、たまたまアルバイトで家庭教師をしたら、その子が中学受験のために有名進学塾に通っていて、テキストを見せてもらったら、驚くほど素晴らしい内容だったんですよ。

高濱　びっくりしたでしょ。僕も田舎から都会に出て来て、あのシリーズを見て、「こんなのやってるのか、こっちの小学生」って。カルチャーショックを受けました。

佐藤　特に、理科と社会が充実しているのには驚きましたね。私が小6のときはのんびりと新聞や本を読む程度だったので、これでは、田舎の子は都会の子に負けてしまうと思いましたね。

高濱　吟味され、システマチックに作られたテキストですよね。私も、こんな勉強を5～6年でやられたらかなわないなと思いました。

佐藤　だから、自分の子どもには、小学校の社会と理科はしっかりと学ばせようと思いました。社会と理科だけのつもりだったのですが、塾って3科目とか4科目のセットになっているんですよね。それで国語も算数もやっていたら、塾でも成績が結構よくて、灘中を受験しちゃったって感じなんで

す。

高濱　特に灘を目指して塾に入ったわけではなく、成績がよかったから灘を受けたら合格しちゃった、って感じなんですね。ちなみに、佐藤さんはお子さんが生まれる前も専業主婦だったんですか？

佐藤　結婚してからは専業主婦です。私は大学を卒業して、地元の大分で2年間だけ高校で英語の教師をしていました。今も印象に残っている出来事があるのですが、あるとき英語が苦手な女子生徒が二人で来て、「英語を見てほしい」って言われたんです。だいたい同じレベルだったので、同じ問題集を2冊買ってきて「はい」って渡して、一週間単位で予定を立ててあげて、一週間経ったら見せるように言ったんです。一人はちゃんと毎回持ってくるのですが、もう一人の子は言わないと持ってこないのです。「30分ぐらいでできる範囲なのに、どうして持って来ないの?」と聞くと「でもね、先生。クラブが忙しくて」とか言うんですよ。「忙しいのはわかってるけど、とりあえずやってね」って言うと「わかりました」って一応返事はします。でも、またすぐに持ってこなくなるんです。それで、その子のお母さんと面談して「娘さんがなかなかやらないから、お母さんは英語がわからなくていいので、例えばご飯のあと、30分だけでいいからそばで見てあげてください」ってお願いしたんです。そしたら、そのお母さんが「でもね、先生」って、娘さんと同じ口調で言い訳を始めたのです。

高濱　言い訳をするんですね、母娘揃って。「でもね」って言った時点で「私は娘のそばにつきません」と言ってるのと同じですからね。

佐藤　それを聞いたときに私は、母親って家の環境そのもので、家の文化なんだって思いました。

高濱　お母さんの影響ってほんと大きいですよね。で、その二人はそのあとどうなったんですか?

佐藤　二人は同じ大学を受けて、私の言うように勉強した子は合格しましたが、「でもね」と言う子は不合格でした。英語のスタートラインは一緒だったんですけどね……。

高濱　なるほど。佐藤さんは、母親の影響力の大きさを身をもって知り、中途半端な気持ちで子育てはできないと思い、専業主婦になったんですね。

親はスマホではなく、本や新聞を読む姿を見せる

高濱　僕も以前からずっと、子どものゲームはよくないと言っているんですが、佐藤さんはお子さ

んが12歳になるまでテレビも見せず、家ではゲームもさせなかったそうですね。

佐藤　細胞が活発に分裂して着々と大きくなっていく大事な時期なので、テレビやゲームに時間を費やすのはもったいないと思いました。

高濱　例えば、自然もののドキュメンタリーみたいに教育的な番組も見せなかったんですか？

佐藤　見せなかったです。一つでも見せたら、ダラダラと見かねないので。例えば、「宿題がすんだら1時間だけゲームをしていいよ」とかいうお母さんがいますが、そんなの1時間で終わるわけないじゃないですか。ある日は1時間10分、次の日は1時間20分というようにダラダラ延びていくのは目に見えてます。しかも宿題がすんだら1時間やっていいよって言われたら、子どもは宿題を適当にするに決まっていますよね。

高濱　ゲームは依存性がありますからね。

佐藤　時間を決めてもやめられないですから。もし親が覚悟を決めて18歳までゲームはしないということにしたら、日本の子どもたちの学力はグンと上がると思います。

高濱　同感です（笑）。でも、佐藤さんのお子さんたちは小5や小6ぐらいになって、「僕だけゲーム持ってない」とか言わなかったですか。

佐藤　言わなかったです。うちは買わないって最初から宣言してましたから。12歳までは非常に大事な時期なので、と丁寧に説明をしました。でも、お友だちのうちに遊びに行ったときはしてもいいことにしていましたけど。

高濱　「みんなやってて、僕だけやってない」って子どもに言われた途端にもう、「じゃあちょっとだけよ」みたいになっちゃう人って多いんですけど、佐藤さんはこうすると決めたら徹底しているのがいいですね。やっぱりお母さんが、ぶれるとダメなんですよね。

佐藤　「ちょっとだけよ」が、いっぱいになり、際限がなくなりますからね。うちはしないって私があんまりはっきり言うから、怖くてやりたいとか言えなかったのかも（笑）。

高濱　相当怖かっただろうと思います（笑）。ただ、今は親世代がほぼ全員スマホ中毒ですからね。親がしているのに、子どもにだけするなと言うのは不可能な話ですよね。

佐藤　今後は、家で親がゲームをしているのか、それとも本や新聞を読んでいるのかによって、子どもは二極化していくでしょうね。今は、新聞も取ってないとか、スマホしか見ないとか、芸能ニュースしか見ないという大人は少なくないですよね。

高濱　活字を読む人は当然のようにバーッと読んでいるけど、読まない人は本当に読みませんからね。親、特にお母さんは、言葉を中心とした家の文化ですから。どういう言語環境で育ってきたのか、子どもに投影されていますよね。佐藤さんがおっしゃるように、二極化していくと思います。

佐藤　子どもの言語力や読解力は、国語の点数を

見ればわかります。自分の子どもが国語のテストで点数を取れないときに、子どものせいにするんじゃなく、まず親である自分の言語環境を見直すことが大事ですよね。

高濱　そういう場合は、親が新聞を読むとか本を読むとかして、言語環境を改善したほうがいいですよね。まあ本はハードルが高いけど、新聞だったら記事が短いのですぐ読めます。読もうとするだけでも、だいぶ違ってくるでしょうね。

佐藤　私は新聞の投書の欄を読むのが好きで、読んでいるとつい感情移入して泣いてたりするんですよ。そうすると子どもたちが「何があったの？」と聞いてくるから、投書にあった戦争の話とか親に捨てられた人の話とかをしていました。子どもって本当に狭い世界で生きているので、そうした話を聞くだけでも、世の中を知ることができるんですよね。

高濱　新聞を見ながら説明されると、実際に世の中で起きていることだって、実感できますからね。そういうのって大きいですよね。

勉強のサポートは子どもの笑顔を基準にする

佐藤　今も昔もよく聞きますけど、「お母さんもやりたいことを我慢して、あなたの勉強のこと、こんなにやっているのに、何で点数上がらないの！」って言うお母さんっていますよね。

高濱　ありがちですね～（笑）。

佐藤　でもね、お母さんが自分のやりたいことを我慢して子どものためにやるというのは、当たり前なんですよ。自分が産んだ子どもなんだから。

「こんなにやってるのに点数が上がらない」っていうのは、やり方がまずいだけです。お母さんの熱意や愛情とは別なんです。そこはきっちり分けないとダメですよね。

高濱　いいこと言いますね。やり方が悪いということですね。

佐藤　1回やって上がらないのだったら、10回やったらいいんです。回数を増やしたらいいだけの話で、隣の子が1回で覚えるからといって、自分の子に1回で覚えろというのは無理なんです。自分の子が10回やらないと覚えられないのなら、10回やったらいいじゃないですか。ビジネスのように、成果が出ないときは、方法を変えて成果が出るまできっちりとやってあげればいいことです。自分が産んだのだから、責任持ってやってあげてほしいですよね。

高濱　子どもの教育はビジネスのように考える。すごく納得します。ビジネスの世界では、一生懸命やっても、やり方が悪ければ結果も出せないし、結果が出なければ意味はありませんからね。

佐藤　そこがぐちゃぐちゃになっているから、「この子は能力がないんでしょうか?」って子どものせいにしたりするんですよ。能力がないとか言ったら終わりなので、やり方を変えてみることですよね。こっちから攻めてダメだったら、別なほうから攻めたらいいわけなのです。どういうやり方がいいかわからないなら、子どもが泣きそうになって「嫌だ、嫌だ」って言うやり方は、やめればいいんです。子どもが笑顔になったら、そのやり方が正しい。同じやり方でもやっているうちに、笑顔が消えてきたら、やる量が多すぎるか、時間が長すぎるのかなどを見直したらいいと思います。条件を変えてもうまくいかなかったら、またやり方を変えたらいいだけのことです。

高濱　子どもの笑顔を、やり方が合っているか間違っているかを判断する基準にするというわけですね。素晴らしいですね。

佐藤　最近娘といろいろ話していたら、「ママは生活面ではメチャメチャ過保護で優しかったけど、勉強については結構厳しくて怖かった」と言ってました。自分ではずっと優しいママと思っていたけど、生活面と勉強をするときとで、無意識のうちに分けていたんでしょうね。

高濱　使い分けるという発想がすごくいい。勉強のことについては、結果が出る仕事として扱って、それ以外は、たっぷり愛を注ぐ。働くお母さんなんかはすごくわかりやすいと思います。

佐藤　サポートして成果を上げることが自分の仕事と割り切れば、子どもの成績が上がらないときに、子どもを責めるのではなく、自分のサポートの仕方に問題がなかったかを振り返り、もっといいやり方を考えるべきではないでしょうか。

高濱　新しいやり方を考えるときも、子どもの笑顔が基準ということですよね。

佐藤　そうです。参考書を選ぶときも、長男はこれが好きかなとか、次男はこっちのほうが楽しくやれそうだなとか、それぞれの性格を考えて、楽しくできそうなものを選んでいました。そもそも受験の手伝いをしたのも、子どもたちの不合格で悲しそうな姿を見たくなかったからです。いつも笑顔でいてほしいと思ったから、合格できるよう一生懸命手伝ったのです。大学はどこでもいいと思っていました。本人が進学して学びたいと思う大学に、笑顔で合格してほしいということを願っていましたね。それで、18歳まで徹底的に付き合ったというわけです。

高濱　子どもがしっかり実力をつけて、それぞれの人生を最大限楽しむことが、親の一番の望みですからね。東大合格を目指して決死の覚悟でやってきたんじゃなく、子どもが笑顔でいられるよう手を尽くしてサポートしてきた結果、4人とも東大に合格しちゃったんですね。いやー、すごい！

中途半端なイクメンはいらない

佐藤　ところで、最近のお父さんの子どもの受験への関わり方ってどんな感じですか？

高濱　わりと絡みたいお父さんが増えてきました。イクメンという言葉が広まる中で、受験も夫婦で関わる傾向にあります。でも、お父さんって、やり出すと、結構凝り性だから、難しいところもあるんですよね。

佐藤　本当の仕事みたいになりますからね。お母さんは、ビジネスライクと言いつつも、子どもの笑顔を前提にして教えるけど、お父さんって完璧主義になって、本当のビジネスみたいに教えたりしますからね。

高濱　お父さんがやりすぎて、「うちの夫をどうにかしてほしい」と相談されることが結構あります(笑)。まあ、イクメンの良さというのは、子育てをするお母さんの大変さを社会がわかり始めてくれたことぐらいで、成功しているイクメンって現実にはあまりいないですよ。やっぱり奥さんからしたら中途半端な感じだし。孤独に子育てをするお母さんたちに寄り添う言葉だから、流行《はや》ったんだと

思います。

佐藤　例えば、イクメンと称して洗濯するというのだったら、毎日全部洗濯してほしいですよね。日曜日だけするとかいうのは中途半端ですよ。しかもそれを「やってやったぞ」みたいに偉そうにしないでって話ですよね。家事だって育児だってそんなに甘くないのに、イクメンとか中途半端に言わないでと思います。

高濱　お父さんが自分のことをイクメンだと思っていても、お母さんはまったくそう思っていないというのはよくある話ですよね。だけどそれ以前の課題として、お母さんが一人きりで背負ってきた、ワンオペの負担というのがあって、それが理解されるようになってきたのは一ついいことだと思います。

佐藤　そうですよね。でも、私はいつも〈そもそも論〉で考えることにしています。例えば「こんなに疲れているのに、夫がわかってくれない」というのも、〈そもそも〉夫とは他人ですから、わかってもらえないのは当たり前と考えるのです。子どもの勉強にしても、〈そもそも〉子どもは勉強は嫌いなものなので、「怠《なま》けたり、さぼる」のは当たり前ととらえて、それゆえ、いかに楽しくさせるかを考えるべきなのです。〈そもそも〉って考えると結構気が楽になりますよ。

高濱　佐藤さんはどんな感じだったんですか？

佐藤　私は基本的にワンオペでした。両親がよく来て手伝ってくれましたけど、主人は仕事が忙しいのもありますが、もともと箸一本洗わない人でしたし、私一人でやるぞと腹をくくっていました。「ちょっとでも、夫にしてもらおう」と依存すると、してくれなかったら腹が立ちますので、私が１００％すると覚悟していました。

それでも、私がすべてやると思っていても、どうしてもできないときがあります。そういう場合には夫に「ちょっとこれお願い」みたいな感じで頼んでいました。そういうときは、夫も快く引く受けてくれましたよ。精神的にはワンオペで、上手に誰かに手伝ってもらうというスタンスでいくと腹が立たないですよ。

高濱　「ワンオペでいいじゃない」。新鮮ですね〜。

佐藤　私はワンオペをすすめます。ワンオペでやって、「ちょっとお父さん、車出して」とか「ちょっと買い物行って」とか、部分的にお父さんを使えばいいと思います。お母さんが指示を出して、お父さんを動かすのです。お父さんは便利に動かされることを喜ぶイクメンになってほしい。それで十分。積極的にイクメンなんかしなくていいと思います。

高濱　お父さんは、正直ね、指示してもらうのが一番楽なんですよ。「これとこれとこれやって」って言われるのが一番いいんです。

佐藤　お母さんが仕事をしている場合も、お母さんが主導権を握り、お父さんと一週間交替で子どもの勉強を見ると決める。今週水曜日に会議が入って帰れないときは、お父さんの来週の水曜日とトレードする、というように指示するのがいいと思います。

私は専業主婦だったので、お父さんの一番の仕事は、「大人になって社会に出て働くのって楽しそう」と子どもに思わせることだと思っていました。

高濱　一般的にお父さんって、家族の中で一番社会との接点が多い人ですから、お父さんが楽しそうに働いていていれば、子どもは社会や仕事に対していいイメージを持ちますよね。まあ、ハウスハズバンドもいるので、それぞれの役割分担は基本的には夫婦で決めることだと思いますけど、いずれにしても大事なのは、夫婦の間でこれでいこうという方針をがっちり共有して、ぶれないことですね。

お母さんがぶれないことが大事

高濱　佐藤さんは、上のお子さんが生まれてから下のお子さんが大学に進学するまでの26年間、子ども優先で来られたんですよね。子育て中のお母さんで、自分の時間を持ちたいという人が結構いるんですが、佐藤さんは子育て中に息抜きとかしなかったんですか？

佐藤　子どもが生まれる前に、「子どもは親の時間を食べて大きくなる」というのを聞いたんです。それで、私は子どもが18歳になるまでは、思い切り私の時間を食べさせたいと思いました。たとえば、1時間でも自分のために使おうとすると、子どものことを邪魔と思ってしまうのですよね。だから、子どもが18歳になるまでは自分の時間を作らないって、覚悟を決めたんです。

高濱　そんなこと言われたら、お母さん方はギョッとしちゃうでしょうね（笑）。今は結構、自分のやりたいことに子どもを付き合わせるお母さんも多いですから……。

佐藤　自分のやりたいことに子どもを付き合わせるのもたまにはいいと思いますが、やはり、子どものことを優先するのが子育ての本筋だと思います。

そもそも、子どもが18歳を過ぎたらお母さんは自分のことを思いっきりできますから。そこは割り切らないと。

高濱　僕、佐藤さんのことをあまりわかってなかったんだけど、やっぱりメディアの情報って色がついてるじゃないですか。鉢巻きさせて4人をビシビシビシビシやってるような（笑）。でも、僕も受験で合格させる現場を知っているから、ビシビシやるだけじゃあ合格させることはできないってことはわかっていたんですよね。だから、佐藤さんはどういう子育てをしてたのかなって思ってたんですけど、こうして直接お話を聞いて、お子さんが育った理由がすごくよくわかりました。

佐藤　よく「佐藤さんのように一本芯の通った揺るぎない子育てをしたいんですけど」と言われるんですけど、私は芯なんか一切持たずに、目の前のことに精一杯向き合ってきただけで、いわば流されるようにやってきただけなんです。思い通りにいかないことは人生よくあるわけですから、お母さん方も、もう少し柔軟に気楽にやってほしいなと思います。

高濱　佐藤さんは芯なんか持っていなかったとおっしゃるけど、周りに翻弄されずに自分で判断して、これぞと思ったことに対してはぶれないでやってきたんじゃないかと思います。僕は、子どもの笑顔と、お母さんがぶれないことが大事だってずっと言ってきているんですが、佐藤さんはまさにそれを実践されてきたんだなと納得しました。最後に、佐藤さんはもう子育てを終えられてますが、いかがでしたか?

佐藤　楽しかったですよ(笑)。神様が時間を戻してくれるのだったら、長男を産んだときに戻りたいですね。まあ、だからといって、今までの子育てに何かを追加することは、別にないですけどね。

高濱　お孫さんのときは大丈夫ですか。口出ししすぎたりしないですか(笑)?

佐藤　孫は私が産んだわけじゃないから責任ないし、きっと「まあいいか」でしょうね(笑)。

(2019年5月10日　花まる学習会　お茶の水教室にて)

profile

高濱正伸
(たかはま・まさのぶ)

「花まる学習会」代表、NPO法人　子育て応援隊むぎぐみ理事長、算数オリンピック委員会理事。熊本県出身。東京大学大学院修了。1993年、将来「魅力的な人、メシが食える大人」を育てるという理念のもと、学習塾「花まる学習会」を設立。『メシが食える大人になる!　よのなかルールブック』『伸び続ける子が育つお母さんの習慣』など著書多数。

おわりに

子育てというものは、そもそも思うようにいかないもの。それは太古の昔から変わりませんし、おそらくこれからも変わることはないでしょう。

でも、じっとこちらを見つめる我が子の目の中に、映っている自分の姿を見つけたとき、子どもを思い通りにしようとする自分が恥ずかしくなります。まっすぐに、信じている眼差しに、なんとかして応えたいと毎日悩むのが、親のあるべき姿なのでしょう。子どもを育てることは、自分の時間を削り、やりたいことを我慢し、睡眠不足でふらふらになり、高熱の子どもを看るとき、かわってやりたいと思い、思い通りに家事ができない生活をしながら、子どもの幸せをひたすら願うことに、まさに全身全霊を捧げる、それが親の使命というものだと気がつきました。腹が立ったりイライラしたり、思い通りにいかないことに悩んだりすることも普通のことなのですよね。

親の思い通りにいかないのは当たり前。子どもは独立して存在する一人の人間なのだと納得して子育てをしていくうちに、子どもたちは自分より大きくなってしまいました。いまや、社会人になった息子たちには年に2～3回会えればいいほうです。

遠くにいても親の心配はつきませんが、今は周りの方々に叱られながら成長してほしいと思っています。

家の外で子どもの声がすると、奈良の自宅に4人の声が響いていた頃がたまらなく懐かしく思い出されます。大変だった日々でしたが、子どもたちに囲まれた、もう二度とかえることのない幸せな日々ですね。

皆様からのたくさんのご質問を読みながら、毎日毎日子どもの将来を思い悩み、前向きに進んで行こうとしているお母さんやお父さんたちの姿が目に浮かぶようでしたが、お幸せそうでしたよ。悩めることも幸せの一つだなと思いました。

どうぞ、目の前にたくさんの悩みのあることを楽しんでください。そして、解決方法をお子さんと見つけてみてください。

たくさんの悩みは、いずれ、懐かしくてたまらない思い出になりますから。

私は、子育ての基本は、子どもに徹底して寄り添うことだと思っています。手の焼ける子どもを最後まで根気よく見守ってやれるのは親だけです。どんなときでも、最後まで子どもの味方でいられるのも親だけです。そして、子どもが最後の最後に頼るのはやっぱり親なのだと思います。

だからこそ親御さんは覚悟を決めて、お子さんに寄り添ってあげてほしいと思います。

上の子が生まれてから下の子が大学に入学するまでの26年間、私は子育てだけをしてきました。ドラマなどで親が成長した子どもに向かって「自分一人で大きくなったような顔をして」と言うシーンがよくありますが、うちの子どもたちもまさに、「自分で大きくなったような顔をして」います。でも、それでいいんですよね。

自分のことより子どものことを優先してきた26年間でしたが、この26年間は私にとって何よりも輝く楽しい時間だったので、こちらこそ育てさせてくれて本当にありがとうという気持ちです。

子どもたちには、「人間は畳一枚あったら死ねるのだから、ママやお父さんのことは気にしないで自分の好きな道をためらうことなく歩みなさい」と言っています。

子育ての期間は長いようで短いものです。子どもは日々成長し、やがて親元から巣立っていきます。限られた子どもとの時間を、思い悩むことも含めて、慈しみ、楽しみ、味わい尽くしていただきたいなと願っています。

最後になりましたが、この本を作りましょうと誘ってくださった祥伝社の大木瞳さん、次を引き継いでくださった倉田明子さん、そしてライターの肥田倫子さんには、大変お世話になりました。この本を前にして感謝の気持ちでいっぱいです。

２０１９年７月　佐藤亮子

３男１女東大理Ⅲ合格《さんなんいちじよとうだいりさんごうかく》！
教《おし》えて！ 佐藤《さとう》ママ 18歳《さい》までに親《おや》がやるべきこと

令和元年８月10日　初版第１刷発行
令和４年３月15日　　　第２刷発行

著　者　佐《さ》藤《とう》亮《りよう》子《こ》
発行者　辻　浩明
発行所　祥《しよう》伝《でん》社《しや》
〒101-8701
東京都千代田区神田神保町3-3
☎03(3265)2081(販売部)
☎03(3265)1084(編集部)
☎03(3265)3622(業務部)

印　刷　萩原印刷
製　本　積信堂

ISBN978-4-396-61698-4 C0095　Printed in Japan
祥伝社のホームページ・www.shodensha.co.jp